AF093956

www.ingramcontent.com/pod-product-compliance
Lightning Source LLC
LaVergne TN
LVHW010606070526
838199LV00063BA/5098

* 9 7 8 9 3 5 8 7 2 6 0 2 2 *

چاند کی مرضی

(انشائیے)

ہاجرہ بانو

© Hajira Bano

Chaand ki Marzi (Light Essays)
by: Hajira Bano
Edition: April '2024
Publisher :
Taemeer Publications LLC (Michigan, USA / Hyderabad, India)

ISBN 978-93-5872-602-2

9 789358 726022

مصنفہ یا ناشر کی پیشگی اجازت کے بغیر اس کتاب کا کوئی بھی حصہ کسی بھی شکل میں بشمول ویب سائٹ پر اَپ لوڈنگ کے لیے استعمال نہ کیا جائے۔ نیز اس کتاب پر کسی بھی قسم کے تنازع کو نمٹانے کا اختیار صرف حیدرآباد (تلنگانہ) کی عدلیہ کو ہو گا۔

© ہاجرہ بانو

کتاب	:	**چاند کی مرضی** (انشائیے)
مصنفہ	:	**ہاجرہ بانو**
پروف ریڈنگ / تدوین	:	اعجاز عبید
صنف	:	غیر افسانوی نثر
ناشر	:	تعمیر پبلی کیشنز (حیدرآباد، انڈیا)
سالِ اشاعت	:	۲۰۲۴ء
صفحات	:	۷۶
سرورق ڈیزائن	:	تعمیر ویب ڈیزائن

فہرست

(۱)	آل از ویل (All is Well)	6
(۲)	اب آدمی کے کاٹے سے مر جائے سانپ بھی	10
(۳)	کھیل کھیل میں	15
(۴)	کنگ فشر	18
(۵)	سفر	23
(۶)	بہت خوبیاں ہیں مری اردو زبان میں	25
(۷)	مولانا ابوالکلام آزاد - ایک آئینہ کئی عکس	29
(۸)	جہیز ایک سماجی لعنت	37
(۹)	گھڑی	40
(۱۰)	سوٹ کیس	42
(۱۱)	دائرہ دھنک	44
(۱۲)	آب حیات	50
(۱۳)	ای جنریشن (E-Generation)	53
(۱۴)	جشن چراغاں	58
(۱۵)	بسیار خوری	62
(۱۶)	فائر فوکس	67
(۱۷)	انسانیت اور ہم	70
(۱۸)	چاند کی مرضی	72

آل از ویل(All is Well)

کشور کمار کا ایک سریلا گیت "حال چال ٹھیک ٹھاک ہے" کسی زمانے میں دلوں کی راحت کا سامان بنتا تھا۔ دور بھی کچھ ایسا ہی تھا کہ مفلسی و ناداری کے باوجود قناعت پسندی ہر کسی کا شعار تھی۔ اس کا مطلب یہ ہر گز نہیں کہ ہم موجودہ دور میں قناعت پسندی نہیں کرتے۔ آج بھی بدلے ہوئے الفاظ کے ساتھ خدا کا شکرانہ ادا کرتے ہوئے مخاطب کا حال دل بتاتے ہیں۔ اب ہم فخریہ کہتے ہیں آل از ویل۔ ان تینوں الفاظ کے پس پردہ کتنا ہی کرب کیوں نہ ہو مغربی تلفظ کی شان کے ساتھ ایک مسکراہٹ میں تبدیل ہو جاتا ہے۔

انگریزی زبان بھی کیا زبان ہے۔ ساری پسماندگی کا مداوا چند ہی الفاظ میں کر دیتی ہے۔ جب میں نے ان معمولی نظر آنے والے سہ لفظی دیمک کا مشاہداتی عینک سے جائزہ لیا تو مجھے اس میں سراسر فائدے ہی فائدے نظر آئے۔ اول تو اللہ رب العزت خوش کے میرا بندہ جمہوریت کے ڈیل ڈول سے بے خبر مہنگائی کے بوجھ سے خمیدہ کمر لیے مجھے ہر دن پانچ بار آل از ویل کا MMS ارسال کرتا ہے۔ اس کے بدلے میں وہ اپنی بیش بہا رحمتوں کا دروازہ اس پر کشادہ کر دیتا ہے۔ اس کے علاوہ بندے کے پڑوسی آل از ویل کے سحر انگیز الفاظ سنتے ہی تیوری چڑھا کر گزر جاتے ہیں۔ یہ الفاظ ان کی تشکیک کا باعث بنتے ہیں۔ جس کا پڑوسی سکھی وہ خود اور دکھی۔ اس دکھی سکھی کے چکر میں آل از ویل بڑا کام کر جاتا ہے۔

بسا اوقات عزیز و اقارب کے درمیان آل از ویل مصیبت بھی کھڑی کر دیتا ہے۔ کیونکہ وہ تو پہلے ہی سے موٹے بکرے میرا مطلب ہے مالدار رشتہ دار کو حلال کرنے کی نیت سے طلائی چھری تھامے پیچھے پڑے رہتے ہیں۔ جیسے ہی آپ نے آل از ویل کہا وہ فوراً ضرورتوں کا پلندہ کھول کر بیٹھ جاتے ہیں۔ اشد ضروری قرض کا تقاضا کر دیتے ہیں۔ اب اگر آپ نے انکار کیا تو تعلقات بگڑنے کے ساتھ ساتھ آل از ویل کی ٹیل (Tail) بھی ہاتھ سے نکل جاتی ہے۔ آل از ویل نے اپنا جادو ہر جگہ چلایا ہے۔ کشمیر سے کنیا کماری تک! نہیں جی وہ تو کرۂ ارض کے سارے عرض البلد اور طول البلد کو نگل چکا ہے۔ مزے کی بات تو یہ ہے کہ صرف جغرافیائی طرز پر ہی نہیں بلکہ تاریخی، ادبی، سیاسی، معاشرتی، سماجی اور جانے کیا کیا۔

انسان تو انسان، چوپائے بھی آل از ویل کہہ کر سوکھی پتیوں کے ساتھ کیری بیگس چباتے دیکھے گئے اور کسی گھوٹالے کی مخالفت نہیں کی۔ شکرانہ یہاں بھی اختتام پذیر نہیں ہوا تھا کہ شام میں مالک کی آدھی بکیٹ دودھ سے بھی بھر نہ پائے تھے جو ان کی آسانی کے لیے اس نے آدھی پانی سے پہلے ہی بھر رکھی تھی۔ پھر اپنے کان، دم اور گردن ہلاتے ہلاتے آل از ویل کا پہاڑہ پڑھتے پڑھتے کلّو کباب والے کی سینخوں پر چڑھ جاتے ہیں۔

آل از ویل ایسے ساحرانہ الفاظ ہیں جس کی لذت دار تمسک سے کوئی نکلنا ہی نہیں چاہتا۔ سلیقہ اظہار کے ساتھ تو یہ کمال کر جاتا ہے۔ زبان کو اس کی ادائیگی سے تقویت اور دل کو کھوکھلی شادابی ملتی ہے۔ ایک باشعور و معتبر انسان بھی انتہائی معنی خیز تبسم ریزی کے ساتھ اس کا بکھان کچھ اس طرح سے کرتا ہے کہ کئی لمحوں بعد آنکھوں میں نمی لانے کا سبب بنتا ہے۔ سیاست کے اکھاڑے میں آل از ویل کا زیادہ ہی چرچا ہوتا ہے۔ چاہے مخالف بارود کے ڈھیر پر ہی کیوں نہ بیٹھا ہو زبان پر آل از ویل کا ورد جاری رہتا ہے۔ اس

ڈر کے ساتھ کہ کہیں یہ مالا جپتے جپتے زبان کی ذراسی جنبش اگر لڑکھڑائی تو اپوزیشن فائدہ نہ اٹھالے۔ مد مقابل بھی ساری حقیقت جان کر اس ورد میں مخل نہیں ہوتا چاہتا کہ بہر کیف خوش فہمی وہ دیمک ہے جو ترقی کی سیڑھی کو اندر ہی اندر کھائے جاتی ہے۔ چار دیواری کے اندر بھی آل از ویل کا پہیہ مسلسل گردش میں رہتا ہے۔ ساس سسر مصنوعی قہقہوں کے ساتھ بیٹے بہو کے سامنے کامیاب ازدواجی زندگی کا ناٹک کرتے رہتے ہیں اور دونوں کپکپاتے ہاتھ اٹھا کر آل از ویل کہتے ہوئے دعائیں دیتے رہتے ہیں جن میں اثر کم اور رسم زیادہ نظر آتی ہے۔ بیٹا ضعیفی میں والدین کا خوشی کا خیال کر کے اور بہو ساس کو خوشی نہ ہو اس کا خیال کر کے ہونٹوں پر آل از ویل کی مسکراہٹ قائم رکھتے ہیں۔

آل از ویل کا تلطف فلمی دنیا پر بہت دکھائی دیتا ہے۔ چاہے یکے بعد دیگرے چار چار فلمیں فلاپ ہو جائیں۔ چہرے پر آل از ویل کا مکھوٹا سجا رہتا ہے۔ صنعتی ادارے کچھ کم پیچھے نہیں ہیں۔ لاکھوں کے وارے نیارے اور دو اور دو پانچ کرنے کے بعد سرپلس اسٹاف کو نوٹس دیتے ہوئے بچے کچے منافع میں اپنا بھرم باقی رکھتے ہوئے آل از ویل کی گردان کرتے رہتے ہیں۔ عامر خان نے آل از ویل فلم کیا بنائی آج کی نسل کو تو جیسے دبے کچلے جذبات کے مصنوعی اظہار کے لیے الفاظ مل گئے۔ فیشن کا فیشن ٹھہرا۔ بھرم کا بھرم قائم رہا۔ ویسے برے نہیں ہیں یہ الفاظ۔ وقتی ہی سہی چند لمحات کی مسرت بہم پہنچاتے ہیں۔ ہر انسان میں حسد کا مادہ ہوتا ہے چند ایک ہیں جن میں نہیں ہے تو وہ مریخ کی مخلوق کہلائے جانے کے مستحق ہیں۔ آتش حسد کے لیے آل از ویل سیز فائر Seas Fire کا کام دیتا ہے۔

ایسا نہیں ہے کہ آل از ویل کوئی جدید اصطلاح ہے۔ پہلے بھی مکتوب اور پیغامات کچھ اسی طرح کے رسماً الفاظ سے شروع کیے جاتے تھے "ہم سب یہاں خیریت سے

ہیں۔۔۔۔۔۔اور آپ کی خیریت بھی۔۔۔۔۔۔۔۔۔نیک چاہتے ہیں۔" کہتے ہیں کہ ان الفاظ و القاب میں سچائی کا نور موجود ہوتا تھا۔ اب موبائل میں میسیج کر دیا جاتا ہے آل از ویل(All is Well)ادھر سے بھی چند ثانیوں میں جواب آجاتا ہے۔ ہیئر السو آل از ویل(Here also all is well)۔جب کہ دونوں طرفین مسائل کی آگ میں جھلس رہے ہوتے ہیں۔ طلبا نے تو اسے اتنا سینے سے لگا رکھا ہے کہ کتابیں حسرت کے آنسو بہاتی رہتی ہیں کہ آخر ہمیں بوسیدہ ہونے سے پہلے کب طلباء کے سینے سے لگنا نصیب ہو گا۔ ہیرو ٹائپ طلبا کی بڑی تعداد تو ایسی ہے کہ امتحانات کا نتیجہ خواہ کیسا ہی ہو گریڈ(Grade)کا گراف (Graph)چاہے سی سا(See Saw) کھیلے، یہ آرام سے بلیو جنس Blue Jeans میں ہاتھ ڈال کر اور کندھے اچکا کر آل از ویل کہتے ہوئے ایف ایم(FM)سنتے رہتے ہیں۔

شام کی چائے پر ڈاکٹر بندرا سے میں نے ایک سوال کیا۔" آج انسان اتنی بیماریوں سے مقابلہ کر رہا ہے۔ آپ ڈاکٹر کے نہیں، انسانیت کے ناطے سے بتائیے کہ چند ایک بیماریوں پر تو بنا میڈیسن(Medicine) کے بھی تو آسانی سے قابو پایا جا سکتا ہے۔ لیکن اس کے لیے کس چیز کا پرہیز کرنا چاہیے؟" چسکی لے کر (چائے کی) مسکراتے ہوئے بولے۔" آل از ویل(All is Well)کا۔"

***

اب آدمی کے کاٹے سے مر جائے سانپ بھی

کشمکش زندگی کے معنی ہوتے ہیں ایک جاندار کا زندہ رہنے کی خاطر دوسروں سے لڑنا۔ کائنات قدرت میں ہر جاندار اس پر عمل کرتا ہے۔ لیکن اس کا مطلب یہ نہیں ہے کہ اپنے مطلب کی خاطر ہی جینا چاہیے۔ خدا نے انسان کو اشرف المخلوقات کا بلند درجہ عطا کیا۔ کچھ اور نہیں تو انسان کو چاہیے کہ وہ دوسرے جانداروں کی زندگی کو بھی قدر کی نگاہ سے دیکھے۔ اگر وہ ایسا نہیں کرتا ہے تو اسے اس دنیا میں اشرف المخلوقات کہلانے کا کوئی حق نہیں ہے۔

آج سے کئی سال پہلے جانوروں کے ذریعے انسانوں کی اموات کا شرح فیصد زیادہ تھا۔ لیکن اب تو الٹی گنگا بہہ رہی ہے۔ اب انسانوں کے ہاتھوں معصوم جانوروں کا قتلِ عام، عام سی بات ہو گئی ہے۔ اگر یہی سلسلہ جاری رہا تو وہ دن دور نہیں کہ آنے والی نسلیں صرف فلموں اور تصاویر میں ہی جانوروں کو دیکھ سکیں گی۔ ایک طرف غذا کی تلاش اور بدلتے ہوئے موسم کی وجہ سے کئی پرندے چرندے نقل مکانی کرنے کے لیے مجبور ہوتے ہیں۔ دوسری طرف اسی چکر میں ہزاروں اپنی جان سے ہاتھ دھو بیٹھتے ہیں۔ مزید یہ کہ انسان بھی انہیں اس نقل مکانی کی سزا دیتا ہے۔ آج انسان تمام آرام و آسائش کے ساتھ بوقت ضرورت سفر کرتا ہے تو بھی شکوہ شکایات کا دفتر کھلا ہی رہتا ہے۔ اس کے برعکس پرندوں کو دوران سفر کئی موسمی تغیرات کا سامنا بھی کرنا پڑتا ہے کئی حیوانات شکاریوں کی گولیوں کا نشانہ بھی بن جاتے ہیں۔ ساری پریشانیاں اور مصیبت سہتے سہتے جب

وہ منزل مقصود پر پہنچتے ہیں تو انہیں وہاں سیمنٹ کے جنگل دکھائی دیتے ہیں یا پھر زہریلا دھواں اگلتی ہوئی فیکٹریاں دکھائی دیتی ہے۔ اور وہ بے چارے ٹھنڈی سانس بھر کر شاید یہی دعا کرتے ہوں گے کہ

ہر سمت دہکتے ہوئے شعلوں کی ہے بارش
اے میرے خدا گلشن عالم کو بچالے

انسان یکسر یہ بھول گیا ہے کہ ہمیں حیوانات سے کتنے فائدے ہیں۔ کھیتوں کے اطراف پرواز کرتے ہوئے نظر آنے والے پرندے ہماری ہری بھری فصلوں کو کیڑوں پتنگوں سے بچاتے ہیں۔ لیکن کسان اس کا متبادل زہریلی جراثیم کش ادویات کا استعمال کر کے کرتا ہے۔ نتیجہ یہ ہوتا ہے کہ نئی بیماریوں کا آغاز ہوتا ہے۔

پرندوں کا دوسرا اہم رول عمل زیرگی (Pollination) میں نظر آتا ہے۔ جیسا کہ سب جانتے ہیں کہ نباتات میں نر اور مادہ پھول پھول ہوتے ہیں۔ کئی پھولوں میں ایک قسم کا پیلا سفوف ہوتا ہے جسے زیرہ کہا جاتا ہے۔ یہ زیرہ مادہ پھول کی کلغی (Stigma) پر پہنچنا ضروری ہوتا ہے تب ہی زیرگی کا عمل ہوتا ہے۔ جب پرندے نر پھول پر اپنی تھکن دور کرنے، کیڑے مکوڑے کھانے، یا پھولوں کا رس چوسنے کے لیے بیٹھتے ہیں تو ان کے پیروں اور جسم سے زیرہ چپک جاتا ہے پھر وہ اڑ کر دوسرے پودوں پر اسی مقصد کے لیے بیٹھتے ہیں تو مادہ پودوں کی کلغی پر یہ زیرہ پہنچ جاتا ہے۔ یہ عمل ہوا کے ذریعے اور پانی کے ذریعے بھی ہوتا ہے۔ اس سے معلوم ہوتا ہے کہ پرندے زراعت اور پھلوں پھولوں کی پیداوار میں کس قدر معاون ثابت ہوتے ہیں مگر انسان نے ان کی حفاظت کرنا تو دور بلکہ ان کے راستوں میں دشواریوں کے پہاڑ کھڑے کر دیئے ہیں۔ کمال کی بات تو یہ ہے کہ اس ظالمانہ مقصد میں وہی لوگ زیادہ تر شامل ہوتے ہیں جو خود حیوانات کی حفاظت پر مامور

ہوتے ہیں۔ یعنی گھر کا بھیدی ہی لنکا ڈھاتا ہے۔ اس موقع پر پرندے یہی ضرور کہتے ہوں گے۔

بہاروں میں میرا نشیمن نہ جلتا
اگر باغباں کی شرارت نہ ہوتی

کائنات کی خوبصورتی کو تو انسان نے جیسے ختم کرنے کا فیصلہ ہی کر لیا ہے۔ ایک طرف شجرکاری کے نام پر چار پودے لگائے جاتے ہیں تو دوسری طرف تالابوں میں گھر بنا کر پرندوں کی آمد کو بند کر دیا جاتا ہے۔ درختوں کی کٹائی پر پابندی عائد کی گئی تو دوا اور علاج کے نام پر جانوروں کی جان لینے کا کام برابر جاری ہے۔ کبھی کہا جاتا ہے کہ شیر، چیتے، لکڑ بھگے وغیرہ نے بستی کے لوگوں پر حملہ کیا اس لیے انہیں ختم کر دیا گیا۔ جب انسانی بستیاں ہی جنگلوں میں رہنے لگیں تو بے چارے جانور کیا کریں۔ بقول ٹالسٹائی "جب انسان اپنے شوق کے لیے شیر کو مارتا ہے تو اسے شکار کہا جاتا ہے۔ لیکن جب شیر اپنی خوراک کے لیے انسان پر حملہ کرتا ہے تو اسے درندہ کہا جاتا ہے۔"

چڑیا گھر یا زو کے نام پر جانوروں سے محبت دکھانے کی ناکام کوشش کی جاتی ہے۔ زو کے جانوروں کا حال تو بہت برا ہے۔ ان کے حصے کی غذا وہاں کے ملازمین کے گھر پہنچ جاتی ہے۔ ان کی صفائی کا خیال نہیں رکھا جاتا۔ چھوٹے چھوٹے پنجروں میں بڑی بڑی جسامت والے جانوروں کو رکھا جاتا ہے۔ انسان یہ کیوں بھول جاتا ہے کہ انہیں بھی اپنے بچوں کی طرح نگہداشت کی ضرورت ہوتی ہے۔

شوق کے نام پر جانور اور پرندے پالنا عام بات ہے۔ پالتو جانوروں کی حد تک یہ قابل تعریف ہے۔ لیکن پرندوں کو قید کرنا ایک مجرمانہ فعل ہے۔ پرندے چونکہ فطرتاً آزادی پسند ہوتے ہیں انہیں قید رکھنا بالکل غلط ہے۔ چاہے ان کا پنجرہ سونے کا ہی کیوں نہ

ہو۔ ان بے چاروں کی حالت بالکل اس شعر کے مصداق آتی ہے۔

شاید بہار آئی تھی زنداں کے آس پاس
صیاد کہہ رہا تھا ہمیں تو خبر نہیں

معصوم پرندوں و جانوروں کی حفاظت کر کے کائنات کی خوبصورتی میں چار چاند لگانے کی ہمیں ہر ممکن طور پر کوشش کرنی چاہیے۔ لیکن اس کے برعکس وہ معصوم، بے زبان اور نازک جانور جو انسان کا پیٹ بھرنے کا ذریعہ بنتے ہیں۔ آپ کو سڑک کے کنارے میلوں وغیرہ میں اکثر ایسے آدمی نظر آتے ہوں گے جن کے پاس طوطے ہوں گے جو نہایت ہی چھوٹے پنجرے میں قید ہوتے ہیں۔ ان سے انسان کے مستقبل کا حال جانا جاتا ہے۔ یہ خوبصورت پرندہ جس کا کام صرف درختوں پر اٹکھیلیاں کرنا، ٹیں ٹیں کرنا اور کھلی فضا میں پرواز کرنا ہے وہ ایک آدمی کے خاندان کی کفالت کرتا ہے۔ مداری لوگ کچھ کم پیچھے نہیں ہیں۔ ایک دو پرندے، سانپ، بندر، نیولے، ریچھ، لنگور وغیرہ پال کر گویا وہ اپنے پورے خاندان کی کمائی کا وسیلہ پیدا کر لیتے ہیں۔ دن بھر کھیل تماشے بتانے کے بعد تمام روپے پیسے سمیٹ کر مداری اور اس کا خاندان پیٹ بھر کھا کر لمبی تان کر سو جاتا ہے اور جانور بے چارے بھوکے پیاسے ٹھنڈی سانس بھر کر انہیں افسردہ نگاہوں سے دیکھتے رہتے ہیں۔ جانوروں کو سواریوں کے لیے استعمال کرنے والے درندے ان کی طاقت سے کہیں زیادہ وزن ان کی گردن پر رکھ کر کئی کلومیٹر کا سفر کرنے پر مجبور کرتے ہیں۔ انتہا تو جب ہوتی ہے کہ مالک درمیان سفر چائے پانی کے بہانے آرام کرتے ہیں اور وہ جانور وزن لے کر ویسے ہی کھڑے رہتے ہیں۔ کیا اتنی دیر کے لیے اپنے ساتھ یہ گاڑی بان انہیں بھی تھوڑا سا آرام نہیں دے سکتے۔

یہ بے زبان کچھ کہہ نہیں سکتے۔ اس لیے انسان ان کی اس مجبوری کا فائدہ اٹھا کر

اپنے مفادات کی خاطر استعمال کرتا رہتا ہے۔ یہ سب کچھ دیکھنے کے بعد کیا ہمیں انسان صحیح معنوں میں اشرف المخلوقات نظر آتا ہے؟ یہ ایک ایسا سوال ہے جسے جانوروں نے انسانوں پر ہی چھوڑ دیا ہے۔

* * *

کھیل کھیل میں

کھیل کھیل میں کچھ یوں ہوا کہ بہت ساری کھلاڑی کروڑوں میں بک گئے۔ چند تو اپنے ہنر اور دوسروں کی مہارت کی وجہ سے روشنی میں آئے اور خریدے گئے اور باقی فرازؔ کے یہ دو مصرعے دہراتے ہوئے بک گئے کہ:

کسی کی کیا مجال تھی جو کوئی ہم کو خرید سکتا فرازؔ
ہم تو خود ہی بک گئے خریدار دیکھ کے

باقی ماندہ اپنی قسمت کا رونا روتے منہ بسور کر رہ گئے۔ سنتے ہیں کہ کسی زمانے میں والدین بچوں کو کھیل سے دور رہنے کی تاکید کرتے کرتے اپنی زبان، حلق، دماغ، اور آخر میں اپنی ذات کو خشک کر دیا کرتے تھے۔ علم کی اہمیت و فضیلت کے فوائد کے ثمر، جنت الفردوس میں ملنے کی بشارت دیتے تھے۔ گردش وقت کی رفتار کی تیزی نے سارے معاملے کو پلٹ کر رکھ دیا۔ یکسر الٹا تو نہیں کیا البتہ جہاں سے چلا تھا دوبارہ وہیں پہنچ گیا۔ یعنی ہر ذی روح دنیا میں آنے کے بعد ہاتھ پیر چلالے تو دنیا یہ اس کی صحت مندی کی دلیل سمجھتی ہے۔ دراصل وہ یہ کہتا ہے کہ اب میں اس دنیا میں کھیل کھیلنے کے لیے آگیا ہوں۔ پھر وہ ایمانداری، دیانتداری، خونخواری، نقاب پوشی، نقاب کشائی اور اقتداری کھیل، کھیل کر اپنے داؤ پیچ آزما کر اس دنیا سے رخصت ہو جاتا ہے۔

ویسے بچپن سے نفسیات کی عینک سے ہم دیکھیں تو صاف پتہ چلے گا کہ یہ بچہ بڑا ہو کر کیا کرے گا۔ وہ کہتے ہیں نا کہ پوت کے پاؤں پالنے میں دکھائی دیتے ہیں۔ کچھ مستقبل کے

خواب ہوتے ہیں جو وہ بچپن میں اپنے کھیلوں کے اسکرین پر پیش کرتا ہے۔ کئی قاتلوں کو ان کے بچپن میں تتلیوں کے پنکھ اور پھولوں کی پنکھڑیوں کو مسلنے میں کیف و سرور حاصل کرتے پایا گیا۔ ایسے جذبوں سے متاثرہ بچوں کو اگر یہ سمجھایا جائے کہ خوبصورت و معصوم جاندار کی بجائے بے جان چیزوں پر اگر تمہاری عبوریت ہو تو تم ضرور فاتح کہلاؤ گے تو یقین کریں وہ بچے ضرور سائنسداں بنیں گے۔ بشرطیکہ سلیقہ سے ان کے ذہن کو یوٹرن U-Turn دیا جائے۔ اگر بچہ کو اس کی فطرت اور خوابوں کے مطابق اس کے پوشیدہ جذبات سے ترقی کے راستے واضح ہوتے ہیں تو اس میں کیا قباحت ہے۔

جب خواب نہ دیکھو گے تو کسی تعبیر
جب رنگ نہ ہو گا تو کہاں کی تصویر

کھیلوں کا جذبہ جانوروں میں بھی پایا جاتا ہے۔ ٹام اینڈ جیری Tom & Jerry سے لے کر تمام حیوانات فطرت کے تقاضے کے تحت اسی طرح اپنی تفریح طبع کا انتظام کرتے ہیں۔ افزائش سے اجل تک اسی کھیل کے کھلاڑی بنے رہتے ہیں صرف مقصد بدلتا رہتا ہے۔ پہلے سانس لے کر کھڑا ہونے کا کھیل، پھر غذا حاصل کرنے کا کھیل، لڑائی سیکھنے کے گُر، علاقے اور مادہ کے لیے جسمانی طاقت کی نمائش کا کھیل اور پھر عمر رفتہ کے ساتھ اپنی کھوکھلی قابضانہ نمود کا کھیل۔

سالوں بلکہ صدیوں تک چلنے والے داستان گوئی اور شنوئی کا کھیل بہت پسند کیا گیا کیونکہ ہر انسان طلسماتی دور میں ہی رہنا چاہتا ہے۔ اور خود کو طلسمی قالین پر براجمان کر کے بڑے بڑے ہوائی قلعے تسخیر کرتے ہوئے دیکھنے میں لطف اندوزی محسوس کرتا ہے۔ اسی لیے کمپیوٹر کے اس دور میں بھی ہیری پوٹر Harry Potter جیسی فلم نے مقبولیت کے سارے ریکارڈ توڑ دیئے ہیں۔ یہ دور بالکل بھی ختم ہو گیا ایسا بھی نہیں ہے بلکہ اس کی

جگہ ٹی وی، ٹیلی کاسٹ کے ڈیلی سوپ نے لے لی ہے۔

کھیل کے اس شوق میں انسان کو مقابلہ آرائی کا شوق بھی پیدا ہو تا ہے۔ اس کے دو پہلو ہیں اگر مثبت ہوں تو شخصی اور ملکی دونوں کے لیے فائدہ مند ہوں گے۔ برٹرنڈرسل نے انگلینڈ کی تعلیمی پالیسیوں میں جسمانی کھیلوں کی اہمیت کو تجارتی اور سلطنت کے نقطہ نظر سے مضر خیال کیا ہے۔

اب طلباء کے نصاب میں جسمانی تعلیم کی بہت اہمیت ہے۔ سرکاری و نیم سرکاری ملازمتوں کے لیے انٹرویوز میں کھیلوں کے سرٹیفکیٹس سے وزن میں اضافہ ہو گیا۔ لے دے کے ریاستی سطح پر پہنچنے والے کھلاڑیوں کے لیے تو ملازمتیں خود دست بستہ تیار کھڑی رہتی ہیں۔ لیکن یہ بات بھی روز روشن کی طرح واضح ہے کہ جسمانی کھیلوں سے صحت و تندرستی شگفتہ رہتی ہے۔ انسان خود کو ہشاش بشاش محسوس کرنے لگتا ہے اور خوب سیرت افراد کی صنف میں شامل ہو جاتا ہے کیونکہ مفلسی، ناداری اور مہنگائی جیسے ہزاروں دکھ سہنے کے باوجود اس کے لب گریہ وزاری کے لیے نہیں کھلتے۔ شاید اسی لیے حکومت کھیلوں کو اتنی اہمیت دے رہی ہے۔

٭ ٭ ٭

کنگ فشر

صبح سات بجے روزانہ ایک تالاب کے کنارے سے کالج کی طرف روانہ ہوتی ہوں تو برقی تاروں پر بیٹھا ہوا مد مست کنگ فشر میری منتشر سوچ کا مرکز بن جاتا ہے۔ اس کی خوبصورت منقار سیاہ میں کوئی نہ کوئی مچھلی اپنی زندگی بچانے کی آخری جدوجہد میں مصروف ہوتی ہے اور یہ مصرع اس کے گلپھڑوں سے نکل رہا ہوتا ہے:

میرے دکھ کی دوا کرے کوئی

آخر وقت تک بیچاری پنکھ دم مار کر اپنی زندگی کو ناکام طریقے سے بچانے کی بھرپور کوشش کرتی ہیں۔ جیسے آج سرکاری ادارے اپنی بقا کے لیے نجی کاری کے پھیلتے جال میں خود کو ناتواں اور بے بس ہاتھ پیر مارے ہوئے اپنی آخری سانسیں گن رہے ہیں۔ یہ تو ایسی آگ ہے جن لکڑیوں سے میرا مطلب ہے جن اداروں سے پیدا ہوتی ہے بعد میں انہیں کو جلا کر راکھ کرتی ہے۔ اور آس پاس پھیلے دھوئیں میں گھٹتے ہوئے دم کے خلاف خود ہی صف آراء کھڑی ہو جاتی ہے۔ سارا کمال تو اس نیلی چھتری والے کا ہے جو کائنات کے آغاز سے ہی کتنی الٹ پھیر کر چکا ہے۔ چند ثانیے میں خزاں بہار میں اور بہار خزاں میں تبدیل ہو جاتی ہے۔

یہ خدا کی ہستی بھی ایک عجیب معمہ ہے
خم شمار سے باہر کل تمام تر تنہا

کبھی شیئر بازار کا بیل سرپٹ دوڑتا ہے اور کبھی تو ایسا سہم جاتا ہے جیسے قصاب کی

چھریاں نظروں کے سامنے آگئی ہوں۔ کنگ فشر کے خاندان کی ساری انواع پوری دنیا میں کم وبیش نظر آتی ہیں چاہے امریکہ ہو یا ملیشیا۔ عرب امارات ہو یا یوروپ کے سمندر۔ غرض کنگ فشر اپنے چمکیلے اودے اودے پروں کے ساتھ پرواز کرتا دکھائی دیتا ہے اور اپنے سر پر بکھرے چھوٹے چھوٹے پروں کو ہلاتے ہوئے صوفیانہ انداز سے دنیا کو یہ بتاتا ہے کہ سیارہ زحل کے دائروں کی طرح میری اڑان کے دائروں کا شکنجہ بھی بہت بڑا ہے۔ جس کسی کو بھی اپنے فرائض کی کوتاہی میں ملوث پاتا ہوں فوراً اسے دبوچ کر مالک حقیقی کا احساس دلا دیتا ہوں۔ بعض اوقات ایسا بھی ہوتا ہے کہ کوئی مچھلی اپنی ترکیب کی بدولت کنگ فشر کی سیاہ مضبوط چونچ سے پھسل سے دوبارہ نئی زندگی بھی پالیتی ہے جیسے نو سو چوہے کھا کر بلی حج کر کے اپنے گناہ معاف کروالیتی ہے۔ مندروں، مسجدوں اور درگاہوں میں ماتھا ٹیک کر اور دوزانو ہو کر عقیدت کے پھول چڑھا کر انسان اپنے دانستہ گناہوں کا وزن کم کر کے ہلکا پھلکا محسوس کرنے لگتا ہے اور جلد ہی دوبارہ گناہوں کا وزن بڑھانے کی تیاری میں جٹ جاتا ہے۔ کیونکہ اچانک کم ہوا وزن بھی انسان کا توازن برقرار نہیں رکھ سکتا ہے نا۔

کل شام ایک جلسہ میں شرکت کی غرض سے جانا ہوا۔ قدم تو خود نہیں اٹھے زبردستی اٹھالے گئے تھے۔ سامنے ہی چمچماتی ہوئی ایمبیسیڈر کار سے ایک صاحب چہرے پر معزز ہونے کا مکھوٹا لگائے اترے۔ اپنی سہیلی کا ہاتھ دباتے ہوئے میں نے دبے انداز میں پوچھا یہ کنگ فشر، میرا مطلب ہے یہ جناب یہاں کیا لینے آئے ہیں؟ اس نے کہا "جانتی نہیں یہ بڑی معزز ہستی ہیں۔ کئی اداروں کے واحد ڈکٹیٹر ہیں اور ہر سال ماہ رمضان میں مڈل ایسٹ جا کر بڑی محنت سے کروڑوں کی رقم بٹور لاتے ہیں۔ ان کی جان توڑ محنت کو سراہتے ہوئے سرکار اپنے کئی ادارے ان کے نجی اداروں میں ضم کر چکی ہے۔"

"ہاں!" میں نے کہا "کروڑ کو کروڑ ہی کھینچتا ہے۔ ویسے کتنی مچھلیاں کھائیں اس کنگ فشر نے؟" اور مجمع کے شور میں میری آواز دب گئی۔

کنگ فشر کے شکار کا طریقہ یہ ہے کہ وہ پانی کی سطح سے ذرا اوپر کئی ایک مقام پر ہوا میں اپنے جسم کا توازن قائم رکھنے کے لیے زور زور سے پنکھ مارتا رہتا ہے اور جو نہی کوئی مچھلی پانی کی سطح پر آتی ہے وہ یکا یک ہی اس پر جھپٹ پڑتا ہے اور ذرا سا خود بھی پانی میں غوطہ لگاتا ہے۔ میرے ذہن سے ان موصوف اور کنگ فشر کا چہرہ متصل ہو چکے تھے۔ ایسا لگا جیسے ان کی گردن پر کسی نے کنگ فشر کا چہرہ اپنی چونچ سمیت چپکا دیا ہو۔ ان ہی خیالوں میں الجھی ہوئی تھی کہ مائک سے موصوف اپنی تقریر کے بعد اعلان کرنے لگے۔ "بھائیو! ہمارے اداروں میں سارے ہی محنتی اور جوشیلے لوگ اپنے فرائض انجام دیتے ہیں۔ ان کی محنت کے بل بوتے پر ہی میں نے آج یہاں سی ایم کی موجودگی میں مزید پانچ سرکاری اداروں کو ہمارے انسٹی ٹیوٹ میں ضم کرنے کا ارادہ کیا ہے۔ لیکن اس شرط کے ساتھ کہ میں ایسے قابل افراد کا تقرر کروں گا جو معاشی لحاظ سے مستحکم ہوں اور صرف پیسہ کمانا ہی ان کا مقصد نہ ہو بلکہ میرا اور میرے اداروں کا نام روشن کرنا ہی ان کا نصب العین ہو۔۔۔"

مجھے کنگ فشر تالاب پر منڈلاتا نظر آنے لگا۔ اب مچھلیوں کی خیر نہیں۔ ساتھ ہی مینڈک اور کیکڑے بھی ڈرے سہمے خود کو چھپانے کی ناکام کوشش کرتے نظر آئے۔ اور مائک پر آواز بلند ہوتی گئی۔ کنگ فشر کا اپنا تو کوئی راگ نہیں ہوتا۔ اس کی آواز سریلی تو نہیں ہوتی لیکن قابل سماعت ضرور ہوتی ہے۔ آوارہ گردی کنگ فشر کا پیدائشی حق ہے۔ اس تالاب سے اس دریا اس ندی سے اس نہر۔ غرض جہاں مچھلیاں دیکھی اپنا جادو چلا دیا۔ اس کی طبیعت سفاکانہ ہوتے ہوئے بڑی حد تک آوارہ گرد بھی کہلائی جاسکتی ہے۔ آوارہ گردی تو ہر ذی روح کا بھی حق ہے اور قدرت کا بڑا انعام بھی۔ اب یہ الگ بات ہے کہ اس انعام کو

کون کہاں اور کیسے استعمال کرتا ہے۔ اگر انسان کی فطرت میں آوارہ گردی نہ ہوتی تو سقراط، ارسطو، سکندر، ابن بطوطہ، واسکوڈی گاما جیسی عظیم شخصیتیں تاریخ میں اپنا نام سنہری حرفوں سے نہیں لکھواتیں۔ واسکوڈی گاما کی آوارگی نے تو وہ کارہائے نمایاں انجام دیا ہے کہ دنیا جتنی حیران ہے اتنی ہی پریشان بھی ہے۔ آزادی روی اور روایات سے بغاوت صرف وہی لوگ کر سکتی ہے جو آہنی کلیجہ اور کول مائنڈ رکھتے ہیں۔ یہ ایک ایسی نئی پگڈنڈی بناتے ہیں جس پر صرف صاحب ذہنیت ہی اپنے قدم جما سکتے ہیں۔

اتنا سب کچھ ہوتے ہوئے بھی خانہ بدوشی کی لذت سے آشنا کنگ فشر بنا قطب نما کے اور کیمرے کے یہ جان لیتا ہے کہ کس تالاب میں کس قسم کی مچھلیاں ہیں۔ جلدی پھنسنے والی مچھلیوں کے پاس یہ فوراً پہنچ جاتا ہے۔ جس طرح سرمایہ دار دم توڑی فیکٹریوں و کارخانوں کے پاس پہنچ جاتے ہیں۔ میں نے کنگ فشر کو کبھی دور بین لگائے نہیں دیکھا۔ پھر بھی وہ تمام حشرات الارض پر بھی اپنی دور رس نگاہیں خاطر جمع رکھتا ہے۔ تاکہ بوقت ضرورت ان سے بھی استفادہ حاصل کر سکے۔ جیسے مرکزی حکومت تمام ریاستوں میں جاری قانونی و غیر قانونی حرکات سے باخبر ہوتی ہے اور جب جنہیں اپنے جال میں پھانسنا ہو تب ان پر اپنا شکنجہ کستی ہے۔

کنگ فشر اپنا گھونسلہ دریائی کناروں کی زمین میں سرنگ کھود کر بناتا ہے۔ آج ملک میں ایسی کئی سرنگیں دکھائی دے رہی ہیں۔ اس کی رفتار قابل تعریف سہی لیکن یہی حال رہا تو تالاب کی مچھلیاں آنے والی نسلوں کے لیے قصہ پارینہ بن جائیں گی۔ میرے ذہن میں انگریزوں کی آمد سے قبل کا ہندوستان فلیش بیک میں ابھرنے لگا۔ اپنی اپنی ریاستوں کو بچانے، دولت و اقتدار کی ہوس کے بھوکے راجے مہاراجے ایک دوسرے پر ٹوٹ پڑتے دکھائی دینے لگے اور کنگ فشر اپنی چونچ میں سرخ و سفید پٹیوں اور ستاروں سے

مزین پرچم لے کر تالاب کی طرف بڑھتا دکھائی دیا۔ اف۔۔۔۔۔۔۔۔ چھوڑو بھی یہ سب۔۔۔۔۔۔۔۔ سارے کام دھرے پڑے ہیں۔ میں نے گاڑی کی رفتار بڑھا دی۔

ایک دن تالاب سے گزرتے وقت میں نے اپنی سہیلی سے کہا "کیا تم نے کبھی سوچا ہے کہ ایک دن اس تالاب کی ساری مچھلیاں ختم ہو جائیں گی اور صرف کنگ فشر ہی نظر آئیں گے اور ہم اپنے بچوں سے کہیں گے کہ دیکھو یہ تھیں سنہری، روپہلی اور قوس قزحی مچھلیاں جو پانی کی دنیا کو اپنا سب کچھ سمجھتی تھیں۔ کائی کھا کر پانی کو صاف و شفاف بناتی تھیں۔ سارے بھید بھاؤ سے پرے تالاب کی ترقی کے لیے کوشاں رہتی تھیں۔ لیکن اس نیلے چمکیلے پروں والے کنگ فشر نے ساری مچھلیوں کو ختم کر کے صرف اپنے دو انڈوں کی پرورش کی ہے۔" "میں اس موضوع پر کوئی گفتگو نہیں کرنا چاہتی۔" اس نے نیل کٹر سے اپنے ناخنوں کو شیپ دیتے ہوئے لاتعلقی ظاہر کی۔

"آخر کیا راز چھپا ہے اس کے نیلے پروں میں؟" میں نے محلے کے عمر رسیدہ چچا جان سے پوچھا جو پیکر دیو جانسن بنے کمبل اوڑھے کمرے کے ایک گوشے میں پڑے رہتے تھے۔ جن کی آنکھیں زمانے کے اتار چڑھاؤ کی طرح ہمیشہ نیچے اوپر ہوا کرتی تھیں۔ "اب کیا بتائیں بی بی۔ دلدل میں اگی خوبصورت ہری گھاس کو دیکھ کر حیوانات تو پھنس ہی جاتے ہیں۔ اب مچھلیاں تو مچھلیاں ہی ٹھہریں۔ نیلے رنگ میں سما جانے کو ہی اپنی نجات سمجھتی ہیں۔ لیکن نہیں جانتیں کہ یہ چکر ہے اور بڑا گھماؤ دار چکر ہے۔

یہ فلک تو بلاتا ہے تمھیں ارض میں سمونے کے لیے

"اور چچا کنگ فشر کے انڈے۔۔۔۔۔۔۔۔۔۔؟"

میرا سوال چچا کے اوڑھے کمبل سے ٹکرا کر واپس آ گیا۔

***

سفر

اس سہ حرفی لفظ سے آپ اور ہم سب اچھی طرح واقف ہیں۔ بظاہر تو بہت ہی معمولی نظر آنے والا یہ لفظ اپنے اندر ایک عمیق و وسیع دنیا سمیٹے ہوئے ہے۔ اس لفظ سے تقریباً ہر انسان کا سابقہ پڑتا ہے۔ کسی کا زیادہ تو کسی کا کم۔ اکثر اسے پسند کرتے ہیں اور اکثر اس کا ذکر آنے پر ناک بھوں چڑھاتے ہیں۔ سفر کے موضوع پر کئی فلمیں بھی بنی ہیں اور بہت ساری فلموں کی کہانی کی اصل شروعات سفر سے ہی ہوتی ہے۔ ہمارے قارئین کمال امروہی کی بے مثال فلم "پاکیزہ" تو بالکل نہیں بھولے ہوں گے جس میں ہیرو راج کمار کی پہلی ملاقات ہیروئین مینا کماری سے ٹرین کے کمپارٹمنٹ میں ہوتی ہے اور پھر اس سفر سے ہیروئین مینا کماری کی زندگی کا سفر بالکل بدل جاتا ہے۔ ہماری فلم انڈسٹری کی ایک اور زبردست پیش کش تھی اس کا نام ہی "سفر" تھا۔ جس میں گورکھے کی طرح نظر آنے والے ہیرو راجیش کھنہ نے اپنا سفر نبھایا تھا ہمارا مطلب کردار نبھایا تھا۔

خیر ہم بات تو کر رہے تھے سفر کی۔ سفر کرنے والے کو مسافر کہتے ہیں۔ ہمارے خیال میں اگر مسافر لفظ سے قبل بے چارہ جوڑ لیا جائے تو بہتر ہو گا کیونکہ سفر کی مسافت طے کرنے کے لیے مسافر شناخت کے قابل نہیں رہتا۔ اس کا سامان تتر بتر رہتا ہے۔ چہرے پر ساڑھے چار سینٹی میٹر کی دھول کی تہہ جمی ہوتی ہے۔ بال کسی بے جان ہیرو کی

وگ کے مانند ہو جاتے ہیں۔ کپڑوں پر دوسرے مسافروں کی غذا اور قے کے دھبے پڑے ہوتے ہیں۔ جو چیخ چیخ کو خود کو کسی قیمتی اور طاقتور صابن سے صاف کرانے کا تقاضا کرتے ہیں۔ جب تک مسافر اپنی منزل مقصود پر پہنچ کر دو گھنٹے کی محنت کے بعد خود کو صحیح حالت میں واپس نہیں لاتا آپ اس کی قدرتی شکل سے واقف نہیں ہو سکتے۔

***

بہت خوبیاں ہیں مری اردو زبان میں

یوں تو ہر کسی کو اپنی مادری زبان اچھی لگتی ہے اور اس میں اسے خوبیاں ہی خوبیاں نظر آتی ہیں لیکن اردو زبان کا اپنا ہی ایک دلکش اعجاز ہے یہ ایک بین الاقوامی زبان ہے اور اپنے اندر آبشاروں کا ترنم، کوئل کی میٹھی کوک، گلاب کی خوشبو، سمندر کی گہرائی اور حنا کی خوشبو لیے ہوئے ہے۔ اردو زبان خدا کی اس وسیع و عریض کائنات کے گوشے گوشے میں بولی جاتی ہے اس نے نہ صرف ممالک کی سرحدوں کو آپس میں جوڑا بلکہ اس نے دلوں کو آپس میں جوڑنے کا کام بھی بخوبی نبھایا ہے اردو زبان میں ایسی شیرینی اور لطافت ہے کہ غیر اردو دان طبقہ بھی اس کی تعریف کیے بغیر نہیں رہ سکتا کیونکہ یہ زبان سیدھے کانوں کے ذریعے دلوں میں گھر کر لیتی ہے۔

آیئے دیکھیں کہ اس خوبصورت، حسین اور شیریں زبان کا آغاز کیسے ہوا۔ دو یا کئی زبانوں کے میل جول سے کبھی کبھی ایک نئی زبان پیدا ہو جاتی ہے لیکن دو چار سال میں نہیں بلکہ کئی صدیوں میں اس کا جنم پورا ہوتا ہے۔ اردو زبان بھی اس سے علیحدہ نہیں ہے عربی، فارسی اور کئی ہندوستانی زبانوں کے ملاپ سے اس کا وجود ہوا۔ اس کا یہ مطلب ہرگز نہیں ہے کہ یہ ملاپ زبانوں کی شکل بدل دیتا ہے بلکہ ہوتا یہ ہے کہ ایک زبان اس کی بنیاد بن جاتی ہے اور دوسری زبانیں اس میں اضافہ کرتی ہیں۔ ہندوستان کے دائرے میں اردو کو ہندی زبان نے بنیاد کا سہارا دیا اور عربی و فارسی زبان کے الفاظ نے اس کے دامن کو وسیع کیا۔ سرزمین ہند پر قدم رکھنے والوں میں عرب، ایرانی، افغانی، ترکستانی اور مغل

وغیرہ لوگ تھے۔ بیرونی ممالک سے آئے لوگ یہاں کے لوگوں پر اپنی زبان نہیں لاد سکتے تھے صرف اپنی ضرورت کی وجہ سے یہاں کی بولی بولنے کے لیے مجبور تھے۔ وہ زیادہ سے زیادہ اتنا کر سکتے تھے کہ یہاں کی بولی میں اپنی زبان کے چند الفاظ کو شامل کر دیں اور انہوں نے ایسا کیا بھی۔ دلی کے قریب کی بولیاں تقریباً آپس میں ملتی جلتی تھیں۔ دلی کے پورب میں جو بولیاں بولی جاتی تھیں اس کو کھڑی بولی کہا جاتا تھا۔ آہستہ آہستہ کھڑی بولی میں فارسی، عربی اور ترکی کے الفاظ شامل ہونے لگے اور یہ زبان نکھرنے لگی۔ پھر چند دنوں کے بعد ہی اس نئی زبان میں شعر کہے او لکھے جانے لگے۔ ساتھ ہی کتابیں بھی چھپنے لگیں اس نئی زبان کو زبان ہند، ہندی، ہندوی اور دہلوی کہا جانے لگا۔ بعد میں اسے ہندی کا نام دے دیا گیا۔ دکن اور گجرات میں اسے دکنی اور گجری بھی کہا جانے لگا۔ پھر بعد میں اسے زبان اردوئے معلیٰ بھی کہا گیا اور آخر میں اردو کہا جانے لگا۔ اردو زبان نے اردو ادب کی ہر صنف میں اپنی شاخیں پھلائی ہیں جیسے نثری ادب، مراثی، قصیدہ نگاری، ناول نگاری و افسانہ نگاری اور شاعری لیکن شاعری میں اردو زبان نے اپنا جو رنگ جمایا ہے وہ دیکھنے سے تعلق رکھتا ہے حالانکہ اس میں ہمیں دوسری زبانوں کی جھلک بھی نظر آتی ہے۔ لیکن ہمارے بہت سارے اردو شعراء نے اردو شاعری کو اپنے خون سے سینچا اور پروان چڑھایا۔ مرزا غالب، فراق گورکھپوری، آتش، سودا، میر، مومن، ناسخ، جوش، میر انیس اور دبیر جیسے مایہ ناز شعراء نے اردو ادب کو بیش بہا خزانوں سے سرفراز کیا ہے۔

اردو زبان کی ایک اور خاص بات یہ ہے کہ ہر کوئی اسے بہت جلد اپنا لیتا ہے اس کی وجہ یہی ہے کہ دوسری زبان بولنے والوں کو بھی اس میں اپنی اپنی زبان کا رنگ جھلکتا نظر آتا ہے۔ اردو کا دامن بہت کشادہ ہے اس نے اپنے دامن میں بلا مذہب و ملت تمام لوگوں کو جگہ دی۔ اسی زبان میں ہمیں قومی یکجہتی کا رنگ نظر آتا ہے ہر کسی کو اس زبان میں ایک

الگ مٹھاس نظر آتی ہے جس کی یہ مادری زبان ہے اسے بھی اور جس کی یہ نہیں ہے اسے بھی۔ اس زبان نے کبھی کسی کو پرایا نہیں سمجھا جس نے سب کو اپنے دامن میں جگہ دی اور خود نے سب کے دلوں میں اپنا مقام بنالیا ہندی زبان جو کہ اردو زبان سے بہت قربت رکھتی ہے لیکن جب اس میں بھی اردو کے الفاظ استعمال کیے جاتے ہیں تو وہ اپنا ایک الگ ہی جادو رکھتے ہیں اور بہت ہی جلد ہر خاص وعام کی زبان پر آجاتے ہیں اور یہی اردو زبان کی مقبولیت کی پہچان ہے۔

اردو زبان نے جہاں ترقی کے منازل تیزی سے طے کیے ہیں ویسی ہی اسے اس ترقی کے راستے میں بے شمار مشکلات اور دشواریوں کا سامنا بھی کرنا پڑا۔ اس کے جسم پر طرح طرح سے وار کیے گئے۔ یہ زخمی ہوتی رہی لیکن بڑی ہمت اور دیدہ دلیری سے مقابلہ کرتی رہی اور اپنے آپ کو کبھی مٹنے نہیں دیا اور اپنا ارادہ وعزم پختہ کرتی گئی۔

برق کو یوں عزم بلبل نے شکست فاش دی
آشیاں جلتا گیا پھر آشیاں بنتا گیا

اردو زبان کی خوبی اس کی سادگی اور شائستگی ہے اور اسی سادگی نے اسے دوسری زبانوں سے بلندی اور عظمت بخشی۔ اس زبان نے خود کو ہمیشہ دوسری زبانوں میں مل کر ایک نیا روپ بنانے کی کوشش کی ہے۔ اگر اردو کو ایک حسین غزل سے تشبیہ دی جائے تو غلط نہ ہوگا جس کے حسن سے کائنات بھی متاثر ہوتی ہے۔ اس کے دراز گیسوؤں کی مہک پوری دنیا میں اپنی خوشبو بکھیرتی ہے اس کے خوبصورت ہونٹوں سے آبشاروں کا ترنم پھوٹتا ہے اس کی چمکتی ہوئی سیاہ آنکھیں اپنے اندر اپنے چاہنے والوں کو سمیٹے ہوئے ہے اس کا خوبصورت گورا اور سنہرا رنگ ہر ملک میں پھیلا ہوا نظر آتا ہے۔ اس کی حسین مخروطی انگلیوں نے آنے والی نسلوں کو ہر زمانے میں چھو کر ایک انجانی محبت سے سرفراز

کیا ہے۔

اردو زبان نے ہر زمانے اور ہر وقت میں اپنی مقبولیت اور شہرت کا سکہ جمائے رکھا۔ آج بھی ایسے ہزاروں افراد ہیں جو اردو پوری طرح سے سمجھ نہیں سکتے ہیں اسے بار بار سننا پسند کرتے ہیں اس زمرے میں اردو غزل کا نام پہلے آتا ہے جس نے نہ صرف اردو داں طبقہ کو اپنی الفت کی گرفت میں جکڑا ہے بلکہ ساتھ ہی ساتھ غیر اردو دان طبقہ پر بھی اپنے حسن کا سکہ جمایا ہے ہم تمام اردو کے چاہنے والے اس خوبصورت و شیریں زبان کو یوں دعا دیتے ہیں کہ :

رنج کی دھوپ نہ آئے ترے آنگن میں کبھی :: تجھ پہ اللہ کی رحمت ہو سدا سایہ فگن

***

مولانا ابو الکلام آزاد۔ ایک آئینہ کئی عکس

بزرگی عقل است نہ بہ سال
تونگری بہ دل است نہ بہ مال

مولانا آزاد جیسی شخصیت پر یہ شعر بالکل فٹ بیٹھتا ہے بچپن سے ہی آزاد میں عمر سے کہیں زیادہ اونچے خیالات پائے جاتے تھے جو دوسرے بچوں میں عام طور پر نظر نہیں آتے ہیں۔ آزاد کا بچپن بھی دوسرے بچوں سے بہت مختلف تھا۔ ان کے کھیل دوسرے بچوں سے الگ تھے مثلاً کبھی وہ گھر کے تمام صندوقوں کو ایک لائن میں رکھ کر کہتے تھے کہ یہ ریل گاڑی ہے کبھی والد صاحب کی پگڑی سر پر باندھ کر اپنی بہنوں سے کہتے کہ تم لوگ صندوق پر چلا چلا کر کہو کہ ہٹو ہٹو راستہ دو دہلی کے مولانا آرہے ہیں ان کے بھائی بہن کہتے کہ دہلی کے یہاں تو کوئی آدمی موجود نہیں ہے، ہم کس سے کہیں کہ راستہ دو۔ اس بات پر وہ کہتے کہ یہ تو کھیل ہے۔ تم سمجھو کہ بہت سارے لوگ مجھے لینے ریلوے اسٹیشن پر آئے ہیں۔ پھر آزاد صندوقوں پر سے بہت آہستہ آہستہ قدم اٹھا کر چلتے تھے جیسے کہ بڑی عمر کے لوگ چلتے ہیں پھر کبھی گھر میں کسی اونچی جگہ یا چیز پر کھڑے ہو جاتے اور سب بھائی بہنوں کو اطراف میں جمع کر کے کہتے کہ تالیاں بجاؤ اور سمجھو کہ ہزاروں لوگ میرے چاروں طرف کھڑے ہیں اور میں تقریر کر رہا ہوں۔ اس طرح سے ہمیں ان کے بچپن کے کھیلوں کو جاننے کے بعد صاف طور پر یہ سمجھ میں آتا ہے کہ مولانا آزاد نے اپنے بچپن میں ہی یہ بات ٹھان لی تھی کہ وہ مستقبل میں کیا کرنے والے ہیں اور یہ حیرت انگیز

صلاحیت والا بچہ آگے چل کر ایک عظیم انسان بنے گا۔

دیکھ لیتی ہے جہاں عزم و یقین کے پیکر

رخ بدلتی ہے وہاں گردش دوراں اپنا

جب آزاد سولہ سال کے تھے تو ایک چور نے ان کے گھر میں چوری کی اور اسی کمرے میں جہاں آزاد مطالعہ کر رہے تھے لیکن وہ اپنے مطالعے میں اتنے غرق تھے کہ انہیں کانوں کان خبر نہ ہوئی دوسری صبح پتہ چلا کہ چوری ہو گئی ہے۔ سب نے چور کو کافی برا بھلا کہا لیکن آزاد نے کہا اس چور کو برا مت کہو پتہ نہیں وہ کس مصیبت میں گرفتار تھا اور اسے کیسی سخت ضرورت تھی جس کی وجہ سے اسے چوری کرنی پڑی۔ اس طرح کے خیالات رکھنے والا یہ لڑکا بڑی تیزی سے اپنی ذہن کی وسعتوں کو دنیا کے سامنے پیش کر رہا تھا۔

مولانا آزاد کی والدہ ماجدہ کا نام عالیہ تھا جو شیخ محمد ظاہر وتری کی بھانجی تھیں۔ والد مولانا خیر الدین تھے ماں اور باپ دونوں علم و ادب سے بہت رغبت رکھتے تھے اور عالم و فاضل کہلائے جاتے تھے ماں کا اچھا اثر بچوں کی صحیح تربیت کے لیے بہت ضروری ہوتا ہے اور عالیہ بیگم مذہب علم و ادب میں اپنے شوہر سے کسی طرح کم نہ تھیں مولانا آزاد کو ماں کی گود ہی میں وہ مدرسہ ملا جہاں عربی فارسی، اردو اور ترکی زبانیں سکھائی جاتی تھیں اور مذہب سے گہرا مطالعہ کرایا جاتا تھا۔ مولانا آزاد کو ملا کر ان کے کل پانچ بھائی بہن تھے دو لڑکے اور تین لڑکیاں۔ لڑکے ابو النصر غلام یاسین اور ابو الکلام غلام محی الدین احمد تھے۔ لڑکیاں زینب، فاطمہ، اور حنیفہ تھیں۔ یہ سب علمی اور ادبی ماحول میں پلے بڑھے تھے تو ظاہر ہے کہ علم کے جراثیم انہیں کیوں نہ متاثر کرتے یہ سب ادیب اور شاعر تھے آزاد کو بھی بڑے بھائی کی صحبت میں شعر کہنے کی ترغیب ہوئی اور انہوں نے اپنا تخلص

آزاد منتخب کیا اور شاعری شروع کی۔ ان کے کلام چھپنے لگے اور اس طرح سے شعر کہنے کا شوق اتنا ہو گیا کہ ۱۹۰۰ء میں "نیرنگ عالم" کے نام سے ایک مجموعہ شائع کیا اس وقت ان کی عمر صرف بارہ سال کی تھی۔

کم سنی میں ہی مولانا آزاد مذہبی بے اطمینانی کے شکنجے میں آ گئے۔ ذہین آدمی اکثر غیر مطمئن رہتا ہے کیونکہ جب تک وہ باریکی سے ہر بات اور ہر مسئلے کی جانچ نہیں کر لیتا یا اسے ٹھوس دلائل نہیں میسر آ جاتے جب تک وہ کسی بھی بات کو بے چون و چرا مان نہیں سکتا۔ آزاد کے ساتھ بھی کچھ ایسا ہی ہوا انہوں نے قرآن کا مطالعہ بہت ہی باریکی کے ساتھ کیا خود ان کا کہنا ہے کہ انہوں نے ۲۳ سال تک قرآن کو اپنا موضوع فکر بنایا۔ ہر پارے، ہر سورہ اور ہر آیت اور ہر لفظ کو گہری فکر و نظر سے دیکھا اور تقریباً فلسفہ قرآن کے سلسلے میں ہر مسئلے کی تحقیق کی۔

وحدت مذاہب کے ایک باب میں آزاد لکھتے ہیں "خدا پر اعتقاد ہر مذہب کا بنیادی تصور ہے۔ ہر مذہب کی یہی تعلیم ہے اور آدمی کی فطرت میں یہ بات موجود ہے اس لیے مذاہب میں فرق صرف تین باتوں سے پیدا ہوتا ہے۔ خدا کی صفات میں اختلافات پر جھگڑے، طریقہ ہائے پرستش اور مذہبی قانون میں اختلاف۔ یہ اختلافات وقت ماحول اور حالات اور انسان کے ذہنی ارتقا کی وجہ سے پیدا ہوئے۔ اللہ تعالیٰ کے وجود کے اختلاف کے باوجود کسی کو شک و شبہ نہیں انسان کو جو ایک منظم نیکی کے قانون کے مطابق رہنا چاہتے ہیں ہدایت پیغمبران خدا کے ذریعے ملتی ہے۔"

آزاد نے جب صحافت کے میدان میں اپنا قدم جمایا تو جیسے صحافت کے وسیع و عریض سمندر میں ایک طوفان آ گیا۔ ۱۹۰۱ء میں نیرنگ عالم کے بعد آزاد کی ادارت میں "الصباح" شروع کیا گیا اس کا اداریہ "عید" تھا اس اداریئے نے ایک دھوم مچا دی۔ اس

وقت کے جاری بہت سے اخباروں نے اس کی نقل کی اس کے بعد ۱۹۰۲ء میں "لسان الصادق" جاری ہوا اس میں چھپنے والے تبصرے لاجواب ہوا کرتے تھے لوگوں کو بڑی مشکل سے یقین آیا کرتا تھا کہ ان پختہ تحریروں کے پیچھے کم سن نوجوان مصنف کا دماغ ہے۔ آزاد کی تحریروں کا مقصد علم و ادب کی خدمت کرنا تو تھا ہی لیکن وہ مسلم معاشرہ کی اصلاح کرنا بھی چاہتے تھے وہ اپنی قوم کو ایک ایسی دنیا میں لے جانا چاہتے تھے جہاں توہم پرستی اور اندھے عقائد نہ ہوں۔ صرف علم کا ہی بول بالا ہو۔ صحافت کے میدان سے ہی انہوں نے تحریک آزادی ہند میں آگے قدم بڑھانا شروع کیا۔ قوم سے دلچسپی کے ساتھ ساتھ اب ان میں وطن سے الفت کا ایک لطیف جذبہ پیدا ہو گیا تھا جس کو انہوں نے آخر وقت تک قائم رکھا اور جس کے لیے انہیں کئی مشکلات اور دشواریوں کا سامنا کرنا پڑا شاید انہوں نے ٹھان لیا تھا کہ:

حالات کے طوفان میں سنبھلنے کی ادا سیکھ
پروانہ کر اگر تو ہے تو جلنے کی ادا سیکھ

بحیثیت وزیر تعلیم آزاد نے ہندوستان کی فلاح و بہبود کے لیے بہت کوششیں کیں اور یہ اس دور کی بات ہے جب ہندوستان ایک نازک موڑ سے گزر رہا تھا۔ آزاد نے ہر بار یہ کوشش کی کہ ایشیاء اور یوروپ کے خیالات کو شیر و شکر کیا جائے۔ انہوں نے مشرقی علوم و ادب میں ریسرچ کے کام کو آگے بڑھایا فنون لطیفہ کی ترقی کے لیے کئی اکیڈمیوں کی بنیاد ڈالی۔ سائنس کی ترقی کے لیے کئی بند راہیں کشادہ کیں۔ یونیورسٹی گرانٹس کمیشن کی بنیاد ڈال کر اعلیٰ تعلیم کو آگے بڑھایا فرسودہ رسومات کے تحت عورتوں کو تعلیم کو عام نہیں سمجھا جاتا تھا لیکن آزاد نے مردوں کی تعلیم کی بہ نسبت عورتوں کی تعلیم کو زیادہ اہمیت دی کیونکہ جب ایک مرد تعلیم حاصل کرتا ہے تو سماج کا صرف ایک فرد تعلیم کرتا

ہے لیکن جب ایک عورت تعلیم حاصل کرتی ہے تو پورا خاندان تعلیم حاصل کرتا ہے۔ ساتھ ہی مولانا آزاد نے تکنیکی تعلیم کو بہت بڑھاوا دیا ان کا یہ ماننا تھا کہ ہندوستان کو ایک نئے دور میں قدم رکھنے کے لیے ہر جگہ تکنیکی نظام کا مرہون منت ہونا پڑے گا۔ اس لیے یہ ضروری ہے کہ اس سے پہلے ہی دوستی کر لی جائے ان کی وسیع النظری نے بہت جلد ہندوستان کے تعلیمی معیار کو بلند کر دیا جس شخص کو اپنے بچپن سے ہی شعر و شاعری سے رغبت تھی وہ بھلا فنون لطیفہ کے لیے کیا کچھ نہیں کر سکتا۔ آزاد نے تین اکیڈمیاں قائم کیں۔ ساہتیہ اکیڈمی وللت اکاڈمی اور سنگیت وناٹک اکیڈمی۔ ان سے ہندوستان کی مختلف زبانوں کے ادب کی ترقی ہوئی ہے اور ادیبوں کی حوصلہ افزائی کی جاتی ہے۔ شعراء و مصنفین کو نئی ہمت و نیا جوش ملتا ہے تاکہ وہ سماج اور اپنے ملک کی خامیوں کو دور کرنے کی کوشش کرتے رہیں۔ سنگیت ناٹک اکیڈمی سے موسیقی کو فروغ ملا اور سنگیت کاروں کی ہمت افزائی ہوئی مولانا آزاد کا وزیر تعلیم کا دور ہندوستان کی تاریخ کا ایک سنہرا دور تھا اور رہتی دنیا تک اس دور کو یاد کیا جائے گا۔

اردو ادب میں غالب کے خطوط بہت اونچا مقام رکھتے ہیں یہ بات سب جانتے ہیں لیکن اگر "غبار خاطر" پڑھی جائے تو معلوم ہو گا کہ آزاد کے خطوط کا اپنا ایک الگ ہی رنگ ہے۔ غبار خاطر مولانا کے لکھے گئے ان خطوط کا مجموعہ ہے جو کبھی پوسٹ نہیں کیے گئے بلکہ وہ صرف انشائیے تھے اور احمد نگر کی جیل کی اندھیری کوٹھری میں لکھی غبار خاطر اردو ادب کا وہ مایہ ناز سرمایہ ہے جس پر جتنا بھی فخر کیا جائے کم ہے۔ جیل میں آزاد کو زیادہ وسائل میسر نہیں تھے لیکن دل کی رفیق ان کی زبان تھی۔

ہزار خوف ہو لیکن زبان ہو دل کی رفیق
یہی رہا ہے اول سے قلندروں کا طریق

غبار خاطر کے مطالعے سے مولانا کی عادات و اطوار کا بخوبی پتہ چلتا ہے۔ اس کی نظر ذہن و دل میں نئے جھروکے کھول دیتی ہے۔ اپنے حافظے پر مشتمل کئی فارسی اشعار اس کتاب کی زینت بنے ہوئے ہیں کیونکہ آزاد کا حافظہ بڑے کمال کا تھا جو چیز ایک بار نظروں سے گزر جاتی وہ ہمیشہ کے لیے ان کے ذہن پر نقش ہو جاتی۔ جہاں کہیں بھی آزاد کا ذکر ہوتا غبار خاطر کا نام بھی ہمارے ذہن و دل میں ایک ہلکی سی انگڑائی لینے لگتا ہے۔ یہ ایک ایسی کتاب ہے جو سیدھی آنکھوں کے راستے دل میں اتر جاتی ہے اور ایسا کیوں نہ ہو، دل کو دل سے راہ جو ہوتی ہے۔ مولانا آمد نے اس کو بڑی محنت اور صاف دلی سے تحریر کیا تھا۔

تہران یونیورسٹی کے ایک پروفیسر ڈاکٹر فلیسی نے ایک جگہ لکھا ہے کہ مولانا آزاد کے علم کی کوئی تھاہ نہیں تھی میں جب پہلی دفعہ ہندوستان آیا تو گھنٹہ بھر ان سے گفتگو ہوئی جس سے مجھے پتہ چلا کہ مولانا کا فارسی و عربی مطالعہ بہت وسیع ہے حافظہ تو اس غضب کا تھا کہ ہر شاعر اور ہر مصنف کی کتابوں کے نام انہیں یاد تھے۔ میں جتنا بھی انہیں دیکھتا تھا ان کی عظمت بحیثیت عالم، بحیثیت انسان اور بحیثیت علم دوست میری نگاہوں میں بڑھتی جاتی تھی۔

کہتے ہیں کہ خدا جب ایک صلاحیت دیتا ہے تو دوسری کسی قدر کم کر دیتا ہے لیکن اس نے مولانا آزاد کی جھولی میں کئی صلاحیتیں ایک ساتھ بھر دی تھیں۔ ایک عام خیال یہ ہے کہ جو بہترین مصنف ہو سکتا ہے وہ بہتر طریقے سے سامعین سے مخاطب نہیں ہو سکتا اور جو اچھا مقرر ہوتا ہے وہ اچھا ادیب نہیں ہو سکتا لیکن آزاد کے معاملے میں یہ بات بالکل غلط محسوس ہوتی ہے کیونکہ وہ ایک بہترین ادیب اور ایک بہترین مقرر تھے۔ جب لوگ ان کی تقریر سنتے تو ایسا لگتا تھا مانو منہ سے پھول جھڑ رہے ہوں۔ آزاد اتنے مؤثر الفاظ استعمال کرتے تھے جو سیدھے سننے والوں کے دل میں تیر کی طرح پیوست ہو جاتے

تھے اور تا زندگی اپنا تاثر قائم رکھتے تھے۔ ان کی تقریریں اور خطبات لاجواب ہوتے ہیں۔ لوگ ہزاروں کی تعداد میں ان کے خیالات جاننے کے لیے شرکت کرتے تھے ان کی پرکشش آواز، ہمت و جوش دلانے والے الفاظ اور حقیقت سے قریب جملے سننے والوں کو مسحور کر دیتے تھے۔ ایک اچھے مقرر کے لیے یہ ضروری ہوتا ہے کہ اپنے دل کا خون اپنے افکار میں ملا دے۔

زہر غم پیجئے تو افکار میں جان آتی ہے
دل کو خون کیجیے تو افکار میں جان آتی ہے

۱۹۳۷ء میں دہلی کی جامع مسجد میں مولانا آزاد کی تقریر کا ایک اقتباس ملاحظہ کیجیے جو آج بھی کتنا دم خم رکھتا ہے۔

"آؤ عہد کرو کہ یہ ملک ہمارا ہے، ہم اسی کے لیے ہیں اور اس کی تقدیر کے بنیادی فیصلے ہماری آواز کے بغیر ادھورے ہی رہیں گے۔ آج زلزلوں سے ڈرتے ہو کبھی تم خود ایک زلزلہ تھے۔ آج اندھیرے سے کانپتے ہو کیا یاد نہیں رہا کہ تمہارا وجود ایک اجالا تھا۔ یہ بادلوں کے پانی کی سیل کیا ہے کہ تم نے بھیگ جانے کے ڈر سے اپنے پائنچے چڑھا لیے ہیں، وہ تمہارے ہی اسلاف تھے جو سمندروں میں اتر گئے، پہاڑوں کی چھاتیوں کو روند ڈالا، بجلیاں آئیں تو ان پر مسکرائے۔ بادل گرجے تو قہقہوں سے جواب دیا۔ آندھیاں آئیں تو ان سے کہا تمہارا راستہ یہ نہیں ہے یہ ایمان کی جانکنی ہے۔ شہنشاہوں کے گریبانوں سے کھیلنے والے آج خود اپنے ہی گریباں کے اتر پیچ رہے ہیں اور خدا سے اس درجہ غافل ہو گئے ہیں کہ جیسے اس پر کبھی ایمان ہی نہیں تھا۔"

الغرض یہ کہ مولانا ایک ہستی میں کئی ہستیاں سمیٹے ہوئے تھے اور ہر ہستی کا مقام بہت بلند تھا۔ انہوں نے کسی ایک علمی میدان پر قناعت نہیں کی۔ بالکل اسی شعر کے

مترادف۔

قناعت نہ کر اس عالم رنگ و بو پر

زمین اور بھی ہیں آسماں اور بھی ہیں

مولانا ابوالکلام آزاد نے علم و فضیلت کا بیش بہا خزانہ اردو ادب کو دیا ہے جو ہمیشہ ہمیں اس بات کی یاد دلاتا رہے گا کہ خدا واقعی جسے چاہے علم و ادب کی فضیلت سے نواز دیتا ہے۔ بڑی مشکل سے یقین آتا ہے کہ ایک معمولی سے نظر آنے والے انسان میں اتنی علمیت و فاضلیت پوشیدہ ہو سکتی ہے لیکن کسی کا قول ہے کہ علم کا وزن اٹھانے کے باوجود انسان خود کو پھول کی مانند محسوس کرتا ہے۔ واقعی بہترین انسان خالق کائنات کی سب سے خوبصورت تخلیق ہے۔

***

جہیز ایک سماجی لعنت

جہیز ایک ایسی لعنت ہے جس نے ہمارے معاشرے کو پوری طرح سے اپنی لپیٹ میں لے رکھا ہے۔ یہ لعنت ہندوستان کے ہر شہر، ہر گاؤں اور ہر محلے میں بری طرح سے پھیل چکی ہے۔ جس کو مٹانا نا ممکن نہیں تو مشکل ضرور ہے۔ آج ہمارے معاشرے کو ایک ایسے رہنما کی ضرورت ہے جو سیدھا راستہ دکھا سکیں۔ جب کبھی ہم اخبار اٹھاتے ہیں تو جہیز کی خاطر ماری جانے والی لڑکیوں اور عورتوں کی خبر ہمیں پڑھنے کو ملتی ہے اور دل کانپ جاتا ہے۔ اس وقت ضرورت ہے تو چند ذمہ دار نوجوانوں کی جو آگے آکر اس سماجی لعنت کو ختم کرنے کا بیڑہ اٹھائیں۔ انسان اپنی خواہشات کا غلام بن کر رہ گیا ہے۔ ان خواہشات کو پورا کرنے کے لیے وہ کچھ بھی کرنے کے لیے تیار ہے۔ اس لیے اب حلال و حرام اور جائز و ناجائز کی پہچان مٹتی جارہی ہے۔ انسان نے اپنے اطراف میں خواہشات کا ایک ایسا جال بن رکھا ہے جس کے اندر وہ خود بری طرح پھنسا ہوا ہے۔ اور سونے پر سہاگہ یہ کہ خواہشات کا لامحدود سلسلہ بڑھتا ہی جاتا ہے۔ یہ انسانی فطرت ہے کہ جو چیز اس کے پاس ہوتی ہے وہ اس سے مطمئن نہیں ہوتا بلکہ ان چیزوں کو پانے کی خواہش کرتا ہے جو اس کے پاس نہیں ہیں۔ اگر یہ بات کسی تعمیری کام کے لیے ہو تو اچھا ہے لیکن جب یہی فطرت تخریبی کام میں اپنا رنگ دکھانے لگتی ہے تو اس کے لیے انسان اپنا ضمیر تک بیچ دیتا ہے اور وہ کسی بھی طرح اپنی خواہشات کو پورا کرنے میں لگ جاتا ہے۔ اور نتیجہ میں جہیز جیسی آگ میں جلنے لگتا ہے۔ کیا ایسا نہیں ہو سکتا کہ ہم خواہشات کو خود کے ضمیر پر

اور انسانیت پر حاوی نہ ہونے دیں۔ اپنے نفس کو قابو میں رکھیں۔ اپنی دنیا بنانے کے لیے اپنی آخرت نہ بگاڑیں۔ کیونکہ دنیا تو فانی ہے اور فانی دنیا کے لیے کیا بنانا اور کیا بگاڑنا۔

بنانا ہی ہے تو کیوں نہ اپنے اعمال کو بہتر بنائیں کیونکہ اس سے ہماری دنیا بھی سنور سکتی ہے اور آخرت بھی۔ جہاں تک ہو سکے حلال رزق کمائیں اور برائیوں سے بچنے کی کوشش کریں۔ جہیز کے لفظی معنی مہیا کرنا یا تیار کرنا ہے۔ یا دوسرے الفاظ میں وہ ضروری سامان جو دلہن کی رخصتی پر اسے دیا جاتا ہے، اسے جہیز کہتے ہیں۔ جو بنتے بنتے ایک رسم بن گیا۔ ہمارے رسول اکرم نے اپنی بیٹی کو جہیز میں تین چیزیں دی تھیں۔ پانی کی مشک، چکی اور چٹائی۔ حضور کی پھوپھی زاد بہن حضرت زینب کا نکاح بھی حضرت زید سے ایسے حالات میں ہوا تھا ان کو مہر ادا کرنے کی بھی سکت نہ تھی اس لیے خود نبی کریم نے ان کے کھانے پینے، لباس اور گھر کا انتظام فرمایا تھا۔ اس کے بعد مسلمانوں نے اس رسم کو ایک عرصہ تک قائم رکھا۔ وقت کے ساتھ ساتھ غیر مسلم معاشرہ نے بھی اس فرسودہ رسم کو اپنایا اور پھر رفتہ رفتہ یہ رسم ہند کے مسلم معاشرہ کو جونک کی طرح چمٹ گئی۔ آج ہندوستانی معاشرے کے کئی گھرانوں کی لڑکیاں اس رسم کی وجہ سے پریشان ہیں۔ اب حالت زار یہ ہے کہ جہیز کے تصور سے ہر شخص تھرا اٹھتا ہے۔ آج ایک بار پھر سے لڑکی کی پیدائش کو نحوست اور بربادی کی علامت سمجھا جانے لگا ہے۔ اب سے چودہ سو سال پہلے معصوم لڑکیوں کو زندہ درگور کیا جاتا ہے اب پیدائش سے پہلے ہی ختم کر دیا جاتا ہے۔ جہیز پہلے ماں باپ کی معاشی حالت پر منحصر ہوتا تھا۔ لیکن آج ایک باپ کی پوری زندگی کی کمائی کو اپنی بیٹی کی شادی میں قربان کرنے اور خود کو ہلاکت میں ڈالنے کا نام جہیز ہے۔ امیر ماں باپ اپنی بیٹی کو جہیز ایسا دیتے ہیں گویا کئی دکانوں کا سامان ایک جگہ لا کر سجا دیا گیا ہو۔ لیکن اگر لڑکی کے ماں باپ اس لائق نہیں ہیں تو ان کی لخت جگر کو سسرال

میں قدم رکھتے ہی بات بات پر آوازیں سننی پڑتی ہیں اور ہر پہلو سے ذلیل کیا جاتا ہے۔ یہاں تک کہ اس معصوم کو قتل کر دینا اور جلا دینا کوئی بڑی بات نہیں ہوتی۔ کوئی بھی شخص یہ پسند نہیں کرے گا کہ اس کی بیٹی یا بہن سماج کے درندوں کے ظلم کا شکار ہو جائے یا اس ظلم کے پنجرہ میں گھٹ گھٹ کر اپنی جان دے دے۔ اگر صحیح معنوں میں ہر شخص ایسا سوچتا ہے تو اس کو اس لعنت کے خلاف آواز اٹھانی چاہیے۔ اور مسلم معاشرے کو از خود نجات دلانے کے لیے عملی نمونہ پیش کرنا چاہیے۔ کیونکہ:

دنیا میں وہی شخص ہے تعظیم کے قابل
جس شخص نے حالات کا منہ موڑ دیا ہے

مسلم معاشرے کے تمام مسلم نوجوانوں کا فرض ہے کہ حکمت اور عقل مندی کے ساتھ معاشرے میں بلا جہیز کی شادی کی تحریک چلائیں اور اس کو زیادہ سے زیادہ لوگوں میں رواج دینے کی کوشش کریں۔ ہر شخص جہیز کے اس زہریلے ناگ سے پریشان ہے، خوفزدہ ہے اور چاہتا ہے کہ اطمینان کی فضا پیدا ہو۔ اور یہ لعنت ختم کرنا چاہتا ہے۔ لیکن وہ جہیز لینا چاہتا ہے، دینا نہیں چاہتا۔ کیا اس طرح سے یہ لعنت کبھی ختم ہو سکتی ہے؟ کبھی نہیں۔ جب ہمیں دینا نہیں ہے تو جہیز لینا بھی نہیں چاہیے۔ ہر کسی کو چاہیے کہ وہ اپنے گھر سے اس کی شروعات کرے پھر اس کو باقاعدہ ایک تحریک کی شکل دے کر سماج کی اس لعنت کو ختم کر دے۔

***

گھڑی

گھڑی ایک تو وہ ہوتی ہے جسے کلائی پر باندھا جاتا ہے اور جو وقت بتانے کا کام کرتی ہے۔ اور دوسری وہ ہوتی ہے جو مصیبت کے وقت انسان کی زندگی میں کئی بار آتی ہے۔ پہلی والی گھڑی وہ لوگ بھی استعمال کرتے ہیں جن کو اسکول کی ہوا بھی چھو کر نہ گزری ہو اور وہ لوگ بھی استعمال کرتے ہیں جنہیں وقت کی بہت قدر ہوتی ہے۔ ایسے لوگوں کا اگر بس چلے تو گھڑی میں چوبیس گھنٹوں کی جگہ پچیس گھنٹے بھی جوڑ لیں لیکن اس طرح کے لوگ آپ کو برِ اعظم ایشیا میں ڈھونڈنے سے نہیں ملیں گے۔ ہاں اگر آپ یوروپ چلے جائیں تو قدم قدم پر ایسے لوگ مل جائیں گے اور اسی لیے یہ لوگ گھڑی کی سوئیوں کی طرح کامیابی کی منزلوں کے زینے چڑھتے رہتے ہیں۔ گھڑیاں بنانے کے لیے سوئزرلینڈ ملک بہت مشہور ہے۔ اس کے بعد جاپان کا نمبر آتا ہے۔ لیکن اس کا کیا کیا جائے کہ جس کی قسمت کی گھڑی ہی خراب ہو اس کا کوئی کام صحیح طرح سے وقت پر نہیں ہو سکتا۔ اسے بدنصیب انسان ہی کہا جانا چاہیے۔ وہ تو کسی بھی طرح کی گھڑی کا استعمال کرلے اس کا کوئی فائدہ نہیں ہوگا چاہے وہ ٹائٹن کی ہو یا ایچ ایم ٹی کی یا پھر سٹی زن ہو۔

ایک سردار جی نے اپنی گھڑی ہوا میں اچھالی۔ کافی دیر تک وہ نیچے نہیں آئی تو بڑبڑاتے ہوئے وہ چلے گئے کہ ہمیشہ کی طرح آدھا گھنٹہ لیٹ چلتی ہے۔ بعد میں پتہ چلا کہ ان کی گھڑی درخت کے اوپر ایک ٹہنی میں اٹک گئی تھی۔ سردار جی بھائیوں کا تعلق گھڑی سے بہت قریب قریب تصور کیا جاتا ہے جیسے ہی بارہ بجتے ہیں۔ گھڑی کی دونوں سوئیاں

آپس میں مصافحہ کرتی ہیں کہتے ہیں ان کا دماغ گرم ہو جاتا ہے۔ اس وقت لوگ ان کی ہر حرکت کو نوٹ کرنے لگتے ہیں۔ لیکن آج کل یہ بھی غلط معلوم ہوتا ہے۔ کئی سکھ بھائی اپنی گھڑیوں کے ہر منٹ کو اپنی ترقی کے لیے استعمال کرتے ہیں۔

***

سوٹ کیس

آج کل سوٹ کیس ہمارے سماج کا ایک پسندیدہ عنصر بنتا جا رہا ہے۔ اور رات دن اپنی ترقی میں چار چاند لگا رہا ہے۔ کمال کی بات تو یہ ہے کہ ہر کوئی اس معمولی چیز کو بڑی محنت سے دوسروں کو دیکر شان کی بات سمجھتا ہے۔ نہیں سمجھے ہماری بات۔ ارے بھئی آپ نے سنا ہو گا کہ لوگ کہتے ہیں میں نے اپنے بیٹے کی نوکری کے لیے ایک سوٹ کیس دیا ہے۔ اب سوٹ کیس سے آپ سمجھیں گے کہ ارسٹو کریٹ یا وی پی آئی سوٹ کیس صاحب کو خوش کرنے کے لیے دیا ہو گا۔ ہو سکتا ہے آپ بھی اس پر عمل کرنے کی کوشش کریں تو الٹا پھٹکار ملے گی اور صاحب غصہ سے لال پیلا ہو کر کہے گا کہ کیا مجھے اتنا پھکڑ سمجھ رکھا ہے کہ میرے گھر میں سوٹ کیس بھی نہیں ہے؟ آپ کو ملنے والی نوکری بھی ہاتھ سے جائے گی اور الٹا سب کے سامنے بے عزت بھی ہونا پڑے گا۔ بعد میں آپ کو آپ کا کوئی ہمدرد "سوٹ کیس" کا مطلب سمجھائے گا کہ خالی سوٹ کیس نہیں بلکہ کسی بھی معمولی کمپنی کا ہلکا اور سستا سوٹ کیس لیکن نوٹوں سے بھرا ہوا تب آپ سر پیٹ کر رہ جائیں گے۔ صاحب کا نہیں بلکہ اپنا کیونکہ یہ بات آپ اچھی طرح جانتے ہیں کہ ایک سوٹ کیس کتنے نوٹوں سے بھر سکتا ہے۔ سوٹ کیس دینے کے بھی کئی طریقے ہیں۔ اگر آپ سیدھے سیدھے آمنے سامنے دیں گے تو چند ہی منٹوں بعد جیل کی سلاخوں کے پیچھے نظر آئیں گے۔ اور جسے آپ دینا چاہ رہے تھے وہ فخر سے کالر ٹائٹ کر کے آزادانہ گھومتا پھرتا نظر آئے گا۔ وہ کہتے ہیں نا کہ آج کے زمانے میں نوالہ منہ میں سیدھا نہیں ڈالنا

چاہیے۔ بلکہ ہاتھ میں نوالہ لے کر سر کے پیچھے سے ہاتھ گھما کر منہ میں ڈالنا چاہیے۔ بالکل اسی طرح سوٹ کیس بھی دینا چاہیے۔ کبھی ٹیبل کے نیچے سے تو کبھی بیک ڈور سے کبھی صاحب کے بچوں کے ذریعہ تو کبھی قیمتی ساڑیاں سوٹ کیس میں بھر کر صاحب کی بیوی کو بطور تحفہ دینا چاہیے۔ آج کل سوٹ کیس دینے کا ایک اور نیا طریقہ ہے آپ سوٹ کیس میں قیمتی چیزیں بھر کر سیدھا صاحب کے پاس چلے جائیں اگر اس وقت کوئی آفیسر بھی بیٹھا ہو تو بالکل نہ ڈریں اور ان کی سالگرہ یا ان کے کسی فیملی ممبر کی سالگرہ کی مبارکباد دیتے ہوئے اپنی غیر حاضری پر معذرت چاہتے ہوئے تحفتاً سوٹ کیس پیش کر دیجیے۔ ہندوستانی قانون کے مطابق آپ کسی کو کسی بھی طرح کا تحفہ دے سکتے ہیں۔ اس لیے کوئی پابندی نہیں ہے کسی کا کوئی ڈر نہیں ہے۔ صاحب بھی خوش اور آپ کی نوکری بھی محفوظ۔ اناڑی رشوت خور بعض اوقات قانون کے شکنجے میں بھی آجاتا ہے۔ ایسے ہی ایک صاحب کو پولیس نے گرفتار کر لیا تو وہ بہت پریشان ہوئے۔ ان کے قریبی رشوت لینے اور دینے میں ماہر ایک دوست نے جب ان کی یہ پریشانی دیکھی تو کہا۔ "اس میں اتنا پریشان ہونے کی کیا بات ہے۔ رشوت لے کر پھنس گیا ہے تو دشوت دے کر چھوٹ جا۔

٭٭٭

دائرہ دھنک

دائرہ! کائنات کی تخلیق اور دائرہ شاید ایک ہی سکے کے دو رخ ہیں۔ ان ناچیز عقل کا یہ گمان ہے کہ شاید اس کائنات کو بناتے وقت اس ذات واحد کے ذہن میں بھی دائرہ رہا ہو گا اس لیے اس نے کائنات کی ساری اہم اشیاء کی شکل دائرہ رکھی ہے۔ ذرا دیکھئے زمین دائرہ، سورج دائرہ، چاند دائرہ، مشتری دائرہ، مریخ دائرہ، زہرہ دائرہ، زحل دائرہ (اس کا دوہرا گھیرا بھی دائرہ یعنی ڈبل دائرہ) یورینس، پلوٹو، نیپچون غرض نظام شمسی کے تمام سیارے وستارے دائرے کی شکل رکھتے ہیں۔

حال ہی میں ۱۷ فروری ۲۰۰۴ء کی نیوز کے مطابق دکھایا جانے والا نیا بلیک ہول (Black Hole) بھی ایک وسیع و عمیق تاریک دائرہ ہی ہے جس میں کئی ستارے ٹوٹ کر گرتے ہیں۔ آسمان کے تمام ستاروں اور سیاروں کا بغور مشاہدہ کیا جائے تو یہ پتہ چلے گا کہ ان سب ک شکل گول یعنی دائرہ نما ہے۔ حیرت کی بات تو یہ ہے کہ یہ سب بحکم خداوندی دائرہ نما گردش بھی کرتے ہیں۔ ناسا (NASA) کی تحقیقات سے پتہ چلا کہ تمام سیاروں پر طوفانوں کے وقتاً فوقتاً دائرے نظر آتے ہیں۔ خلاء میں گھومنے والے تحقیقاتی مصنوعی سیاروں کو بھی دائروں ہی میں گھومنا پڑتا ہے۔

آیئے سیاروں کی دنیا سے زمین کی دنیا پر آتے ہیں۔ گول زمین کے اطراف اوزون کا غلاف بھی دائرے کی شکل رکھتا ہے۔ انسانی ذہن کی تخریب کاریوں کی وجہ سے اس میں ہونے والا شگاف بھی دائرہ نما ہے جس سے خدا کی اس خوبصورت دائرہ نما زمین پر کئی نئ

بیماریوں نے اپنے دائرہ نما جراثیم کے ساتھ جنم لیا جس کا شکار انسان اور حیوان یکساں ہوتے ہیں، یہاں تک کہ نباتات پر بھی اس کا اثر ہوا۔ اوزون کی پرت میں پڑنے والا یہ شگاف ہماری زمین کے نقشے میں موجود برا عظم آسٹریلیا کے عین اوپر واقع ہے۔ جیسی کرنی ویسی بھرنی۔ خیر چلیئے زمین کے کرۂ ہوا کے بارے میں تو بات ہو گئی۔ اب باقی بچے ہوئے دو کروں کے بارے میں بات کرتے ہیں۔ کرۂ آب اور کرۂ حجر۔ کرہ آب دائرہ نما زمین کا ۳/ ۲ فیصد حصہ گھیرے ہوئے ہیں جس میں چار بڑے بحر شامل ہیں۔ آسمان کی اونچائیوں سے دیکھنے پر پتہ چلتا ہے کہ یہ بھی دائرہ نما شکل رکھتے ہیں۔ حالات کے تھپیڑوں کے دائروں میں سمٹ کر کوئی بڑے تو کوئی چھوٹے ہو گئے۔ کسی نے بیضوی شکل اختیار کر لی تو کوئی ہواؤں کے دائروں میں گھوم کر کٹے پھٹے رہ گئے۔ زمین کا قشر ارض جو چٹانوں سے بنا ہے زندگی کے تلخ راستوں کی طرح پتھریلا ہے جس کی سطح کہیں بلند ہے تو کہیں پست، جیسے ہماری زندگی کے نشیب و فراز ہوں۔ اس قشر ارض کا ۳/ ۱ حصہ بھی دائرہ نما ہے۔

خدا کی اس دائرہ نما زمین پر اپنی آسانی کے لیے انسان نے کچھ دائرے کھینچ دیئے ہیں۔ جنہیں عرض البلد اور طول البلد کہتے ہیں۔ جن کی مدد سے ممالک کے نقشے آسانی سے بنا لیے گئے اور ان ممالک کے اپنے اپنے جائز و ناجائز اختیارات کا استعمال کرنا شروع ہو گیا۔ دوسروں کی زمینوں پر قبضہ جمانے کے لیے لڑائیاں لڑی گئیں، انسانوں کا خون پانی کی طرح بہایا گیا۔ پہلی اور دوسری جنگ عظیم اس کی مثالیں ہیں۔ اپنی سلطنت کی توسیع کے لیے یہ جنگیں شروع ہی سے جاری ہیں اور شاید قیامت تک جاری رہیں گی۔ زمین کا اندرونی دائرہ پگھلے ہوئے گرم سیال مادے سے بھرا ہوا ہے۔ زمین کے اندرونی خول میں ایک اور دائرہ پنہاں ہے جو زمین کی ساری مقناطیسیت کو قائم رکھتا ہے۔

ہر کوئی ہوا کی اہمیت جانتا ہے کیونکہ اس کے بغیر زندگی محال ہے۔ سائنسی زبان میں ہر گیس کو فارمولوں کے دائروں میں قید کیا گیا۔ ہوا کو بھی نہیں بخشا گیا اور شاید گیس سے زیادہ اس کی اہمیت کو سمجھا گیا اس لیے آکسیجن کے لیے "O" کا استعمال بطور فارمولا کیا جاتا ہے۔ یہ "او" خود دائرہ نما شکل ہے۔ اس سے صاف ظاہر ہوتا ہے کہ دائرہ یعنی آکسیجن زندگی کے لیے کتنا ضروری ہے۔

علم ہندسہ کے عمل میں دائرے کی اہمیت سے کون واقف نہیں ہے۔ ریاضی میں صفر کے دائرے کے وجود کے وزن سے کون انکار کر سکتا ہے۔ بینک کے معاملات میں روپے پیسے کے لین دین میں اگر ایک صفر زائد ہو جائے یا کم ہو جائے تو مصیبت آ جاتی ہے۔ جغرافیائی دائرے یعنی نظام شمسی اور زمین کے دائرے تو آپ جان ہی چکے ہیں۔ تاریخ اپنے اچھے برے ادوار دہرا کر اپنے دائرے پورے کرتی ہے۔ لٹریچر دائروں سے گھرا ہے۔ ہر دائرے سے ایک نئی کہانی جنم لیتی ہے اور ہر کہانی کوئی ایک کردار کے دائرے کے اطراف گھومتی ہے۔ اس کے ساتھ کئی ضمنی ادارے کریکٹر ایکٹر کی شکل میں چلتے ہیں۔ سیاح اپنے آپ میں خود ایک دائرہ ہوتا ہے۔ اپنے سفر کے دائروں سے وہ قارئین تک دوسرے ممالک کے حالات پہنچاتا ہے۔ مصور اپنے برش اور رنگوں کے دائروں میں قدرت کے رنگ سمونے کی کوشش کرتا ہے۔ رقاص اپنے قدموں کے تھرکتے دائروں سے حاضرین کے جذبات کے دائروں کو جھنجھوڑتا ہے۔ بناؤ سنگھار کر کے خوبصورت و حسین صنف نازک دیکھنے والوں کو اپنے حسن کے دائرے میں قید کر لیتی ہے اور اسے دیکھنے والا اس کے زیورات کے دائرے میں کھو جاتا ہے جیسے اس کی بندیا، بالوں کا جوڑا، اس پر سجا ہوا پھولوں کا مہکتا گجرا، جوڑیاں، کنگن، گلے کا ہار، گلوبند، کانوں کی بالیاں، پازیب، انگوٹھیاں، بچھوے، کمر بند، بازو بند وغیرہ وغیرہ۔ یہ تمام زیورات دائروی شکل

رکھتے ہیں۔ علم نجوم تمام گول سیاروں کے اطراف گھومتا ہے۔ ماہر عملیات شیاطین کو مقید کرنے کے لیے زمین پر دائرہ بنا کر اس کی حصار بندی کرتے ہیں۔ بچہ جب اپنی زندگی کے حسین دور یعنی بچپن میں ہوتا ہے تو زندگی کے تلخ دائروں سے بہت دور ہوتا ہے۔ وہ صرف پانی میں کنکریاں مار کر دائرے بنانے، پانی میں کاغذ کی ناؤ چلانے، تختی پر دائرے بنا کر اس میں آنکھ، کان، منہ بنانے، گول جھولوں میں جھولتے ہوئے دائرے بنانے، غذا کے گول بنا کر کھانے، شکر کی گول گول گولیاں کھانے، بتاشے کھانے، تاشے بجانے اور گاڑی کا گول پہیہ چلانے میں مصروف ہوتا ہے۔ جیسے جیسے وہ بڑا ہوتا جاتا ہے اس کے ذہن کے دائرے بھی وسیع ہوتے جاتے ہیں۔ اس کے رشتوں کے دائرے اسے اپنے شکنجوں میں کسنا شروع کرتے ہیں پھر اس کی زندگی کا دائرہ بڑا ہونا شروع ہوتا ہے اور وہ رشتوں کے دائروں کی اہمیت جان کر اور خود کو کولہو کا بیل سمجھ کر ذریعۂ معاش کے لیے دائرے بنا بنا کر دائرے والے سکے کمانے میں مصروف ہو جاتا ہے۔ پھر اسے زندگی میں سب سے زیادہ اہم اور ضروری صرف دولت کا دائرہ محسوس ہونے لگتا ہے۔ اس وقت اسے دائرہ نما چندا ماما کی کہانیوں اور نغموں میں کوئی دلچسپی نہیں رہتی۔ اب وہ صرف چاند کی طرح نظر آنے والے روپہلی سکوں کی خواہش میں مگن رہتا ہے۔ انہیں تکالیف کے دائروں میں سے گزر کر اسے دائرہ والی گول روٹی نصیب ہوتی ہے۔ جسے کھا کر وہ اپنی بھوک مٹاتا ہے تب وہ اچھی طرح جان لیتا ہے کہ زندگی صرف دائروں کا چکر ہے اور انسان کو پیدائش سے لے کر مرنے تک دائروں میں ہی مقید رہنا ہے۔ کیونکہ خانے اس کا وجود ایک نقطے سے شروع کر کے اجل کے دائرہ بھی اس کے اطراف پھیلا دیا ہے۔ لقمہ اجل بننے کے بعد اس کی روح دوبارہ خلاء کی تاریکیوں کے دائرے میں قید ہو جاتی ہے اور یہ خدا کی عظیم الشان قدرت کا لامتناہی دائرہ ازل تا قیامت جاری رہے گا۔ ان دائروں کی

نہ کوئی سرحد ہے اور نہ اس کا کوئی خاتمہ۔ بظاہر معمولی نظر آنے والا یہ دائرہ جو اپنے اندر ساری کائنات سمیٹے ہوئے ہے، دکھاتا ہے کہ جو بھی خدا کے احکامات کے دائرے میں رہ کر اس کی پیروی کرے گا اس کی زندگی کا دائرہ اور آخرت کا دائرہ بھی معطر ہو گا اور جو اس کی نشانیوں کو جھٹلائے گا اس کی طاقت سے انکار کرے گا، خود کو خدا سمجھنے کی بھول کرے گا تو خدا کے قہر و غضب کا دائرہ اس کے اطراف رنگ ہو کر اسے نیست و نابود کر دے گا۔ اس لیے اس ناچیز انسان کو چاہیے کہ غرور و تکبر کے دائرے کو خود سے دور رکھے اور اپنے اطراف نیک اعمال کا دائرہ وسیع سے وسیع تر کرے اور خود کو پاتال کی گہرائیوں کے داروؤں میں گرنے سے بچائے۔

دائرہ! اپنے اندر قدرت کا گہرا مفہوم لیے

دائرہ! اپنے اندر ایک بے پناہ طاقت چھپائے ہوئے

دائرہ! اپنے اندر حق و باطل کی کہانیاں دہراتے ہوئے

دائرہ! خانہ کعبہ کا طواف

دائرہ! ایک روٹی

دائرہ! ایک رکابی

دائرہ! ایک چمکتا سکہ

دائرہ! پیاس بجھانے کا پانی کا گھڑا

دائرہ! دور دراز سے گفتگو کرنے کے آلہ کا وائر

دائرہ! آمد و رفت کے وسائل کے پہیے

دائرہ! قومی پرچم میں اشوک کے چکر

دائرہ! کوہساروں میں آواز کی گونج کا ہالہ

دائرہ! آسمانوں میں سات رنگوں کی دھنک

یہ سب کچھ دائرے ہی تو ہیں اور انسان ان دائروں میں الجھا ہوا ایک اور دائرہ۔ غرض اس عنوان پر جتنا لکھا جائے کم ہے۔ اس چھوٹے سے لفظ کی گہرائی دیکھنے کے لیے ہر بشر کی آنکھوں کے دائرے چھوٹے ہیں۔

٭ ٭ ٭

آب حیات

سکندر اعظم کو پوری دنیا فتح کرنے کا جنون تھا۔ عمر لمبی نہ ہو تو یہ کام جوئے شیر لانے کے مترادف تھا۔ مگر قدرت کا کرنا یہ کہ جہاں ایک کم سن کے چھوٹے سے دل میں اتنی بڑی خواہش کو جنم دیا وہیں اس کی عمر کے کالم میں کوتاہی سے کام لیا۔ اس کی کیا وجہ تھی یہ وہی جانے۔ ہم اس کی قدرت کو تھوڑا ہی سمجھ سکتے ہیں۔ سنا بلکہ پڑھا بھی ہے کہ سکندر نے اپنی عمر میں اضافہ کرنے کے لیے آب حیات کا دریا بھی تلاش کر لیا تھا لیکن وہ یہ دیکھ کر رک گیا کہ اس سے پہلے جن لوگوں نے آب حیات پی رکھا تھا وہ موت کی آرزو کر رہے ہیں۔ چنانچہ اس نے ہاتھوں میں لیا ہوا آب حیات پھینک دیا۔ ویسے لوگ اپنی عمر میں اضافہ کرنے کے لیے ہزاروں جتن کرتے ہیں۔ ورزش کرتے ہیں مخصوص یوگا سن کرتے ہیں۔ مختلف قسم کی ادویات کا استعمال بھی کرتے ہیں۔ ایسی چیزوں کا پرہیز کرتے ہیں جن سے عمر کے ایام میں کمی ہو مثلاً ڈرگس، سگریٹ، تمباکو پان وغیرہ۔ ویسے ان چیزوں سے احتیاط کرنا بہت اچھی بات ہے لیکن جو اپنی عمر جتنی لکھا کر لاتا ہے وہ ہر حالت میں اسے پورا کرتا ہے چاہے دنیا والے اس سے بیزار ہو جائیں یا وہ دنیا والوں سے بے زار ہو جائے۔

بہت ساری کمپنیوں کے اشتہارات میں اپنے مال کی فروختگی کے لیے عمر بھر ساتھ نبھانے کا وعدہ کیا جاتا ہے۔ یا زیادہ سے زیادہ پائیداری کے ساتھ ہم قدم ہونے کا دعویٰ کرتے ہیں۔ یہاں تو حال یہ ہے کہ انسان کی زندگی کی کوئی گیارنٹی نہیں ہے۔ وہ عمر بھر

چلنے والے پائیدار مال کو لے کر کیا کرے گا؟ موجودہ صورتحال یہ ہے کہ سب سے سستی چیز اگر کوئی ہے تو وہ ہے انسانی خون جو پانی کی طرح اور پانی کے لیے بہایا جاتا ہے۔ ہمارا مشورہ تو یہ ہے کہ قاتل اگر کسی کے خون کا ارادہ بھی رکھتے ہوں اگر وہ انجام سے باخبر ہوں تو انہیں چاہیے کہ وہ کھیتوں کے قریب یہ کام انجام دیں تاکہ کھیتوں میں کھاد کی فراہمی بھی آسانی سے ہوسکے۔ آج کل کاشتکار پانی کی قلت اور کھاد کی مہنگائی سے بہت پریشان ہیں۔ بیچاروں کا یہ مسئلہ بھی حل ہو جائے گا۔

ایک اشتہار کچھ دن پہلے نظروں سے گزرا۔ زندگی بھر کے لیے "پائیدار" ہم سفر۔ اگر "پائیدار" شریک حیات کی تلاش ہو تو ہمارے یہاں آیئے۔ پتہ۔۔۔۔۔۔۔۔۔۔۔۔ ہماری طبیعت میں موجود تجسس کے کیڑے حرکت میں آگئے، سوچا چلو چل کر ذرا دیکھ تو لیں۔ اب تک تو سنا تھا اور پڑھا تھا کہ نیک، خوبصورت، خوب صورت، صوم وصلاۃ کی پابند وغیرہ وغیرہ جیسے الفاظ سے اشتہارات مزین ہوتے تھے۔ یہ "پائیدار" شریک حیات آخر کیا بلا ہے؟ اگر سکندر یہ اشتہار پڑھ لیتا تو ہمارا دعویٰ ہے کہ سب سے پہلا پیام اس کا ہی پہنچتا۔ خیر جب ہم اس آفس کے منیجر کے ہاں گئے تو اس نے خلاف توقع چائے و بسکٹ سے تواضع کرنے کے بعد ہماری ناقص معلومات میں اضافہ کیا:

"اگر بیوی نیک ہو، خوبصورت ہو، صوم وصلاۃ کی پابند بھی ہو یا پھر اگر پڑھی لکھی یا جاہل ہو لیکن اگر (لیکن اگر کے الفاظ پر انہوں نے اتنا زور دیا تھا کہ ان کے گلے کی رگیں پھول گئی تھیں) اس میں "پائیداری" نہ ہو تو وہ کس کام کی؟"

پائیداری کے لفظ کو انہوں نے اتنی زور سے چبا کر کہا کہ ان کے منہ میں موجود پان کی سپاری چورا چورا ہو گئی۔ لیکن پھر بھی ان کی بات ہمارے سر پر سے یوں گزر گئی جیسے رن وے پر سے ہوائی جہاز۔ ہم نے ذرا اطمینان اور تفصیل سے وضاحت طلب کی۔ منیجر

صاحب نے اپنی دونوں کہنیاں ٹیبل پر ٹکاتے ہوئے ایک فلسفیانہ مسکراہٹ کے ساتھ وضاحت کی اور کہا "ہمارے معاشرے میں شوہر سے علیحدگی ایک عام بات ہے۔ اس بات کی کیا گارنٹی ہے کہ شادی کے بعد عمر بھر آپ کی بیوی آپ کا ساتھ دے گی۔ ہمارا ادارہ ایک اسپیشل ادارہ جو ایسی "پائیدار" خواتین فراہم کرتا ہے جو اپنی پائیداری کے وعدے کو سات جنموں تک نبھاتی ہیں۔"

ان کی بات ہماری سمجھ میں اچھی طرح سے آگئی اور ہم نے گرہ میں باندھ لی کہ اگر کسی کے لیے رشتہ ازدواج کی ضرورت پڑے تو ان ہی موصوف کو تکلیف دیں گے۔ جب ہم آفس سے باہر نکلے تو چپراسی نے وداعی سلام کرتے ہوئے کہا کہ اگر پائیدار بیوی مل بھی گئی لیکن خود آپ کی زندگی ناپائیدار ہو تو۔۔۔۔؟

یہ سن کر ہم لاجواب ہوگئے۔

* * *

ای جنریشن (E-Generation)

دنیا تو کئی صدیوں کے مسائل حل کرتے کرتے اپنے انجام کو بخیر و خوبی پہنچ رہی ہے۔ لیکن ہر صدی میں بہ در بہ ایسے نقوش ثبت کرتی چلی جاتی ہے کہ آنے والے نقش مدھم ہوتے چلے جاتے ہیں۔ گہرے نقش سے پھیکے نقوش کی جانب بڑھتی یہ نسلی قطاریں اپنا شیڈنگ ڈیزائن (Shading Design) بناتی ہوئی گزرتی چلی جاتی ہیں۔ جیسے افق پر صندلی لالی کے درمیان مرغابیوں کی طویل رونیلگوں پانی پر پرواز کرتی دکھائی دے اور آخری مرغابی ایک نقطہ کی شکل اختیار کر جائے۔ آدمؑ سے لے کر آج کے انسانی تغیرات تو سب ہی جانتے ہیں۔ سائنس داں کہتے ہیں کہ انسانی دماغ ہر دس سال بعد اپنا حجم کم کرتا چلا جاتا ہے۔ جب حجم کی کمی ہو تو ادراک، فہم و فراست کے فیل کا وزن برداشت کرنے کی قوت کہاں سے آئے گی۔ اس مدعا کو آسان اور قابل برداشت کرنے کے لیے مالک ارضی نے انٹرنیٹ کا ای۔ جال پھیلا دیا۔

آج کل ہر چیز ای ہو گئی ہے۔ صرف انگلیوں کے سروں پر پوری دنیا کو یہ کم حجمی انسان سمیٹ کر نظروں کے سامنے لا رہا ہے۔ بنا گرو کے تعلیم حاصل کرنا تو نہایت ہی آسان ہو گیا ہے۔ گرو دکشنا تو ماہانہ ہوتی ہے لیکن گرو کے سامنے اخلاق و آداب کے مظاہرے سے صاف طور پر بچا جا سکتا ہے۔ اس گرو کے سامنے سگریٹ کے مرغولوں میں بھی تعلیم حاصل کی جا سکتی ہے۔ کروڑوں انٹرنیٹ کیفے طلباء کے لیے سوئچ آن کرتے ہی نفس مضمون کا ڈھیر سارا مواد مہیا کر دیتے ہیں پھر اسی کی مائیکروژیراکس (Micro

Xerox) بن کر ان کے جیبوں اور موزوں میں جا بیٹھتے ہیں۔ امتحانی جوابی پرچوں میں بڑی دقت سے منتقل ہونے کے بعد رزلٹ کے لیے پھر کمپیوٹر کی دہلیز پر قدم رکھتے ہیں۔ اسی طرح چند ہی دنوں میں ای۔ رزلٹ سامنے آ جاتا ہے۔ اس پورے پروسیس (Process) میں نہ ہی شاگردوں کو اساتذہ کی ڈانٹ سننی پڑتی ہے نہ خود کے اخلاق و عادات میں کسی قسم کی تبدیلیاں لانی ہوتی ہیں اور نہ ہی عاشق و معشوق کے روزانہ کے شیڈول میں کسی قسم کا مدوجزر آتا ہے۔

سارے ہی طلباء ایسے ہوتے ہیں یہ صحیح نہیں ہے۔ ہم نے کئی طلباء کو نہایت ادب و احترام کے ساتھ ای۔ تعلیم حاصل کرتے دیکھا ہے۔ ان کی دن چریا ہی الگ ہوتی ہے۔ روزانہ صبح سویرے نہا دھو کر کمپیوٹر کی دھول کو اتنی نزاکت سے صاف کرتے ہیں جیسے معشوق کی زلف سنوار رہے ہوں۔ پھر اگر بتی کے دھوئیں سے فضاء کو خوشبودار کرنے کے بعد انتہائی خشوع و خضوع سے زیر لب دعائیں کر کے سوئچ آن کرتے ہیں۔ پھر حاصل کیا گیا مواد خوش اسلوبی سے یکجا کر کے اسے کئی بار رٹتے ہیں اور جتنا ممکن ہو سکا اتنی ایمانداری سے سال کے آخر میں امتحانی پرچوں میں منتقل کرتے ہیں۔

سرپرست بھی آج کل ای۔ سرپرست کہلائے جاتے ہیں۔ حالانکہ یہ ان کی جنریشن کی ایجاد نہیں ہے لیکن پھر بھی دن رات گھر میں ان کے ای۔ گل کا ای۔ برتاؤ انہیں بھی تبدیل کر دیتا ہے۔ گھر میں داخل ہوتے ہی اہل خاندان کا موڈ خراب دیکھ کر کہتے ہیں کہ آج گھر کا ڈسپلے (Display) کیوں خراب ہے۔ کھانا پسند نہ آنے پر ماں بھی صاف جواب دے دیتی ہے کہ آج سرور Server نہیں آیا تھا۔

ایک دن دودھ والا کہنے لگا کہ میری بھینسیں روزانہ جب تک انٹرنیٹ پر تمام گھوٹالوں کی نیوز وِتھ میوزک (News with Music) نہ دیکھ لیں تب تک دودھ نہیں

دیتیں اس لیے میرے ای۔ دودھ کے راتب کا پیسہ بڑھائیے۔ مجھے بھی ماہانہ روپے بھرنے پڑتے ہیں۔

تان سین کی موسیقی کے جادو سے دیپک جل اٹھتے تھے اور بادلوں سے مینہہ برسنے لگتا تھا۔ اب ای۔ میوزک کی بدولت انسانوں کا خون لال سے سفید اور روح سفید سے سیاہ ہونے لگی ہے۔ بیماری سے پریشان بیوی نے اپنے خاوند سے پوچھا:

گر میں جہاں سے چلی گئی تو آپ کا کیا ہوگا

کہا شوہر نے چند لمحات میں ای عقد ثانی ہوگا

ای۔ ووٹنگ سے رہنماؤں کے وارے نیارے ہو گئے۔ آخری لمحات میں ہاتھوں کا رعشہ کسی کے بھی حق میں فائدہ مند ثابت ہوتا ہے۔ پولنگ بوتھ سے باہر آکر خیال آتا ہے کہ ارے مجھے تو اسے ووٹ کرنا تھا یہ کون سا بٹن دب گیا۔ منتخب شدہ امیدوار بھی اپنے فرائض کی عملی ادائیگی کرنے کی بجائے پانچ سال تک صرف ای۔ فرائض ادا کرتا رہتا ہے۔

گرمیوں میں جگہ جگہ مشروبات کے سینٹرس بھی کھل جاتے ہیں۔ درختوں کے نیچے بھی ٹیبل کرسیاں رکھ کر زائد نشست کا اہتمام کیا جاتا ہے۔ ایسے ہی ایک جوس سینٹر (Juice Center) پر ہم نے دیکھا کہ گاہکوں کے جانے کے بعد ایک کوا درخت سے اتر آیا اور ٹیبل پر رکھے گلاس میں بچا کچا جوس اسٹرا (Straw) کی مدد سے پینے لگا۔ ہمارے چہرے کی حیرت پڑھ کر جوس سینٹر کے مالک نے مسکراتے ہوئے کہا کہ "یہ تو روز ہی ایسا کرتا ہے۔ اب مٹکے میں کنکر پتھر ڈال کر پانی اوپر آنے کا انتظار کوا نہیں کرتا۔ یہ آج کل کا ای۔ کوا ہے۔ اسٹرا سے جوس پیتا ہے اور اپنی پیاس بجھاتا ہے۔" وہیں قریب کے ٹیبل پر موجود اجوانی انکل بولے۔ "ارے یہ تو کچھ نہیں۔ میرا دھندا ڈرائی فروٹ کا ہے۔ روزانہ

جب سڑک پر ریڈ ٹریفک سگنل کے وقت گاڑیاں رک جاتی ہیں تو باہر رکھے اخروٹ کے تھیلوں سے ایک کوا اخروٹ لے جا کر زیبرا کراسنگ پر رکھ دیتا ہے۔ پھر جب گرین سگنل ملتا ہے گاڑیاں اس اخروٹ کو توڑتی ہوئی چلی جاتی ہیں۔ یہ ای۔ کوا اخروٹ کے ٹکڑے چونچ میں دبا کر واپس درخت پر آرام سے بیٹھ کر کھاتا ہے۔" ہم نے کہا "واقعی یہ ای۔ کوے تو بڑے ذہین ہیں۔ زمانے کے ساتھ قدم سے قدم ملا کر چلنا تو کوئی ان سے سیکھے۔"

عشق و عاشقی کا رتبہ ہماری نظر میں نہایت اعلیٰ و ارفع مقام رکھتا ہے۔ لیلیٰ مجنوں، ہیر رانجھا، رومیو جولیٹ، شیریں فرہاد، سسی پنو ہمارے آئیڈیل تھے۔ ان کے علاوہ جن سچے عاشق جوڑوں کو دیکھتے تو رشک مسرت سے ہماری آنکھیں بھی چمکنے لگتیں۔ لیکن آج کل تو ای۔ عاشقی ہونے لگی ہے۔ رومانس اور محبت تو اتنا معمولی درجہ اختیار کر گئے ہیں جیسے روزانہ کی بدلی جانے والی پوشاک۔ ایک جائے اور دوسرا آئے۔ جتنی دیر میں ای۔ لہریں محبوب کے تصور کے ساتھ دل تک پہنچتی ہیں اتنی ہی دیر اس کی الفت قائم رہتی ہے۔ جیسے ہی ان ترنگوں نے اپنا دامن سمیٹا محبت نے بھی اپنا بوریا بستر باندھ لیا۔

"یہ کیسا عشق ہے؟ مہینے بھر میں پندرہ محبوب!" ہم نے اپنی سہیلی سے پوچھا۔ اس نے ادائے بے نیازی سے جواب دیا۔

"کچھ ضروری تو نہیں ہر عشق ہو مفہوم کا
اور مطلب لازمی نکلے کسی محبوب کا
ہم ای گرل کو سچی عاشقی سے کیا غرض
زمانہ جانتا ہے ہمارا عالم حسن کا"

"یہ شبنمی عشق تمہیں ہی مبارک۔" اس کے بے سر و پا مصرعوں سے ہم نے زچ ہو

کر کہا۔

"ارے اس میں برائی کیا ہے؟ یہ ای۔زمانہ ہے ای۔زمانہ۔ تم بھی ای۔جنریشن سے ہو تو پھر تمہیں ای۔ عشق کیوں پسند نہیں؟" اس نے پیار سے ہمارا ہاتھ پکڑ کر دل کا راز جاننے کی کوشش کی۔

"ہاں۔ لیکن ہم اس ای۔دور میں بھی لیلیٰ مجنوں کے عشق کا تقدس قائم رکھنا چاہتے ہیں۔" ہم نے فخریہ تبسم کے ساتھ کہا۔

"تو پھر تم دنیا میں تنہا ہی رہ جاؤ گی۔" اس نے زیر لب مسکراتے ہوئے حتمی فیصلہ سنا دیا۔

پھول افلاس اور محبت کے
پہلے کھلتے تھے اب نہیں کھلتے
اس زمانے میں دیکھتے ہیں ہم
سینے ملتے ہیں دل نہیں ملتے

یہ مصرعے کہہ کر ہم بھی کندھے اچکا کر رہ گئے۔

کل رات اچانک آسمان سے یو ایف او (UFO) کو زمین پر اترتے دیکھا فوراً میں نے چلا کر کہا۔

اترو نہ آسمان سے فرشتو وہیں رہو
اچھے نہیں زمین کے حالات ان دنوں

شعر کہتے کہتے اور اوپر دیکھتے دیکھتے پاؤں زور سے ایک پتھر سے ٹکرا گیا اور منہ سے چیخ نکلی۔ای۔۔۔۔ای۔۔۔۔۔۔۔۔ای۔۔۔۔

***

جشن چراغاں

جشن چراغاں بڑا خوبصورت اور حسین جشن ہوتا ہے چاہے وہ کسی بھی موقع پر کیا گیا ہو۔ جگنوؤں کی طرح ٹمٹماتے دیئے تاریکی میں وہ پر نور منظر پیدا کرتے ہیں گویا قدرت نے کچھ دیر کے لیے فلک کو زمین پر اتار دیا ہو۔ یہ دیپک اندھیری رات کے علاوہ کئی زندگیوں میں بھی روشنی پھیلانے کا کام کرتے ہیں۔ ویسے آج کل ان کی جگہ برقی قمقموں نے لے لی ہے۔ کون گھی تیل ڈال کر انہیں جلائے۔ جہاں کھانے پینے کے واندے ہوں وہاں یہ چونچلے کون کرے۔ بٹن دبایا کہ چھوٹے، ننھے، منے، سبز، سرخ، زرد، بنفشی بلب روشن ہوگئے۔ جب جی چاہا بٹن بند کر دیا اور تاریکی کو خوش آمدید کہہ دیا۔ جس طرح جس مہمان کو چاہا ویلکم کہا اور جس پر چاہا گھر کا دروازہ بند کر دیا۔

امریکہ کو معاشی استحکام بخشنے کے باوجود ہندوستان آج بھی دیہاتوں کا ملک ہے۔ تیل اور گھی سے لبریز، مٹی کے دیئے کروڑوں گھروں میں جشن چراغاں کے موقع پر اپنی جگمگاہٹ بکھیرے ہوئے ہیں۔ اب ان تیل اور گھی میں کوئی زہریلے کیمیکل بھی شامل ہوں تو مٹی کے چراغوں کا کون سا ہاضمہ خراب ہونے والا ہے۔ بہر حال دیہاتی دیئے کی لو تمام مہمانان کے لیے یکساں روشنی اور تاثر رکھتی ہے۔ سحر ہونے تک وہ سب کے لیے جلتے ہیں۔ کہیں تو یہ بھی پتہ نہیں ہوتا کہ جشن چراغاں کس مہمان کے لیے کریں اور نجانے وہ کب اور کہاں سے آئیگا۔ ایسے حالات میں یہ کر دیا جائے کہ:

منڈیر پر چراغ رکھ دیئے ہیں خود جلائے گا

وہ آنے والا شخص جانے کس طرف سے آئے گا
نہ مہمان کو شکایت کی گنجائش نہ میزبان کو۔

سنتے ہیں کہ جشن چراغاں ہماری گنگا جمنی تہذیب کی ایک منور مثال ہے۔ کیونکہ ہم نے تو جب سے اس دنیا پر اپنی سیاہ آنکھوں سے پہلی نظر ڈالی تو گنگا کو جمنا کے مخالف سمت میں ہی بہتے ہوئے دیکھا۔ خیر۔ دونوں کہیں بھی بہیں۔ پانی ہے جدھر چاہے اپنا راستہ بنا لیتا ہے۔ ہندوستان کی دونوں آنکھیں اپنے تہواروں پر مل جل کر چراغاں کرتے تھے۔ آج کل کے چراغوں نے خود صرف اکثریت کے لیے وقف کر دیا ہے۔ آخر کیوں نہ کرے۔ سیاسی تیل ان میں بھی تو پڑا ہے۔ زمانہ جیسے جیسے چکا چوند اور دھوم دھڑاکے میں تبدیل ہوتا گیا۔ مدھم اور موہک روشنی نے بھڑکیلی چمک اور دل بہلانے والی آواز میں خود کو ڈھال لیا۔ اس میں کوئی شک نہیں کہ تاریک فلک کو نور بخشنے کے ساتھ ہماری سماعت کے پردوں پر بھی چند شرارے چھوڑ جاتی ہیں۔ ایک فلیٹ میں دھڑا دھڑ دو گولیاں پستول سے نکلیں اور دو افراد ملک عدم سدھار گئے۔ سب نے سمجھا کہ نئے سال کے جشن میں پٹاخے اڑائے جا رہے ہیں۔ انہوں نے بھی مزید دو دھماکہ خیز راکٹ آسمان کی طرف داغ دیئے۔

اے فلک کیا تیرے دامن میں ہی ستارے ہیں
آ دیکھ ادھر میرے ہاتھوں میں بھی شرارے ہیں

دن رات کم سن بچے بارود کی فیکٹریوں میں پٹاخے اور پھلجڑیاں بنا کر تہواروں اور تقریبات کو روشن کرنے کا کام دیتے ہیں یہ الگ بات ہے کہ آنے والی دو دہائیوں کے بعد بڑوں کے چودہ طبق روشن ہو جاتے ہیں کہ ملک کا مستقبل گزشتہ بیس سال سے کیا فعل انجام دے رہا تھا۔

گلو خوشی خوشی اپنا بارود سے بھرا ٹرک پٹاخوں کی فیکٹری کی طرف لے جا رہا تھا۔ ٹرک میں کلینر گانا گا رہا تھا "کہیں دیپ جلے کہیں دل۔۔۔۔۔۔ ذرا دیکھ لے آ کر دیوانے۔۔۔۔۔۔ تیری کونسی ہے منزل"۔ "ارے تو کوئی پھڑکتا ہوا گیت نہیں گا سکتا کیا۔" گلو نے اسے ٹوکا۔ "تم سامنے دیکھ کر گاڑی چلاؤ۔ اگر پیچھے کے ٹرک ہم سے آگے فیکٹری چلے گئے تو باس ہماری بتی گل کر دے گا۔" تھوڑی ہی دیر میں گلو کا ٹرک فیکٹری کے گیٹ میں داخل ہوا اور باقی کے ٹرک آگے چلے گئے۔ بازار میں گلو کی بارود کے بنے پٹاخے جلد ہی ختم ہو گئے۔ چند کے ارمان آسمان پر پھٹ گئے اور چند کے آنسوؤں میں بہہ گئے۔ گلو کو بڑا افسوس ہوا کہ اتنی محنت کے باوجود فیکٹری سب کے ارمان پورے نہ کر سکی۔ کچھ دن بعد اپنی بہن اور ماتا جی کو درشن کرانے کے لیے گلو مندر پہنچا۔ بھگوان کے چرنوں میں ناریل پھول رکھ کر پلٹا ہی تھا کہ ایک زوردار دھماکہ ہوا اور سارے لوگوں کے چیتھڑے اڑتے ہوئے دکھائی دینے لگے۔ گلو بھگوان کے چرن مضبوطی سے پکڑ کر بیٹھ گیا۔ یہ بھگوان کا ہی تو قہر تھا۔ اس کے قہر کے راستے بھی بڑے عجیب ہوتے ہیں۔ بڑھتی ہوئی آبادی پر جھپکتے ہی کنٹرول ہو جاتا ہے اور وہ بھی ہلدی لگے پھٹکری اور رنگ تو اتنا چوکھا کہ خدا کی پناہ۔ اتنا سب کچھ ہونے کے باوجود آبادی تو بالکل "اردو" زبان کی طرح پھیلتی ہے۔ "ا" کو مارو تو اکیس دفعہ پیدا ہو جاتی ہے۔ "ر" کو مارو تو نئی رہ گزر بنا لیتی ہے۔ "د" کو مارو تو نئے دروازے کھول لیتی ہے۔ "و" کو مارو تو اپنی وسعت بڑھا لیتی ہے۔

اکثر باعمل افراد کی شخصیت کے حسن کا چراغ اتنا تابناک ہوتا ہے کہ ساری محفل پر نور ہو جاتی ہے اور حاسدوں کے چہروں پر اماوس آ جاتی ہے۔ عقل کے دشمن ایسے میں بھی خاموش نہیں رہتے۔ حالانکہ اچھی طرح جانتے ہیں کہ باعظمت کے سامنے بھی کبھی کسی کا چراغ جلتا ہے۔ پھر بھی سورج کے سامنے چراغ جلانے کی ناکام کوشش کرتے رہتے

ہیں۔ ان کی اس احمقانہ حرکت کو دیکھتے ہوئے بے اختیار یہ شعر ٹپک پڑتا ہے:

تیرے ہوتے ہوئے محفل میں جلاتے ہیں چراغ
لوگ کیا سادہ ہیں سورج کو دکھاتے ہیں چراغ

زندہ تو زندہ، مردہ بھی جشن چراغاں کا اہتمام کروا جاتے ہیں۔ اپنی زندگی میں ایک روپیہ بھی خیرات نہ کرنے والے مرنے کے بعد لاکھوں روپے نکمے اور نااہل رشتہ داروں کے لیے خیرات کر گئے تو خوشی میں جشن چراغاں ہوتے ہیں۔ حادثات کے شکار شدہ اور زبردستی شکار بنے افراد سرکاری امداد کی خوشی میں اپنے گھر جشن چراغاں کرتے ہیں۔ کچھ بھی ہو چراغ تو جلتا ہے اور اسے جلتے ہی رہنا چاہیے۔ خواہ اس کے اسباب اور مقاصد کچھ ہی کیوں نہ ہوں۔ لیکن ساتھ ہی اس بات کا خیال رہے کہ:

مناؤ جشن چراغاں مگر خیال رہے
کسی چراغ کی لو سے کسی کا گھر نہ جلے

***

بسیار خوری

"بسیار" لفظ سے ذہن میں ایک غمزدگی اور بیچارگی کا تصور ابھرتا ہے۔ آپ کے ذہن میں نہ سہی۔ میرے ذہن میں اس لفظ کی عکاسی اسی طرح ہوتی ہے اور بالخصوص جب وہ "خوری" کے ساتھ دخل اندازی کرتا ہو تو بالکل اسی غریب کی جھونپڑی کی غمازی کرتا ہے جو آبادی کے آخری کنارے پر اور جنگل کے آغاز پر بنی ہو۔ جس کے اندر ایک ٹمٹماتا ہوا دیا متمول طبقے کو اس بات پر زبان چڑاتے ہوئے دکھائی دیتا ہو کہ آج قدرت تم پر مہربان ہے اس لیے تم پہلوان ہو۔

بسیار خور کے معدے کی حالت اسی جھونپڑی کے غریب کی طرح ہوتی ہے جو ہر طرح کے لذیذ، پنچٹے اور بازاری کھانے بچا بچا کر نہایت مسکین چہرہ بنا کر گلے کی نالی کی طرف دیکھتا ہے کہ اب ستم بالائے ستم اور کیا آنے والا ہے۔

بسیار خور کئی طرح کے ہوتے ہیں۔ اول قسم کے تو وہ ہوتے ہیں جو صحیح معنوں میں یعنی سو فیصدی بسیار خور ہونے کا حق ادا کرتے ہیں۔ ان کے سامنے کسی بھی قسم کے کھانے کی پلیٹ یہ دعویٰ نہیں کرسکتی کہ اس کے ذائقے میں کسی قسم کا کوئی نقص یا مین میخ نہیں نکالا جائے گا۔ اس صرف ہاضمہ کے عمل سے گزرنا ہے۔ اور دنیا میں آنے کے بعد آدم و حوا کے لیے اس کے تمام فرائض کی اب تکمیل ہو چکی ہے۔ مرزا صاحب اس معاملے میں ہمارے محلے کی ناک اونچی کیے ہوئے ہیں۔ وہ نہایت سرخروئی کے ساتھ ہر دعوت میں براجمان ہوتے ہیں اور پہلی صف سے آخری صف تک نہایت ہی خوش اسلوبی

سے تمام مہمانوں کا ساتھ دیتے ہیں۔ ساتھ ہی غذا کے مختلف فوائد پر ان کے مفید لیکچرس سے ان سب کی معلومات میں اضافہ بھی کرتے ہیں۔ آخری صف میں اچھی طرح تناول طعام کے بعد لمبی سی ڈکار لیکر آسمان کی طرف بلند آواز میں "الحمدللہ" کچھ اس طرح کہتے ہیں کہ دعوت ہال میں موجود وہ تمام ناشکرے بندے بھی سن لیں جنہوں نے سورہ رحمان کی باغور و باترجمہ تلاوت نہ کی ہو۔ مرزا صاحب نے یہ طریقہ شکرانہ بچپن ہی میں چڑیوں اور مرغیوں سے اپنایا تھا جسے وہ آج تک صدق دل سے بجاتے آئے ہیں۔ اس طریقہ کار کا حسن اثر یہ ہوتا ہے کہ مرزا صاحب کا شمار اللہ تعالیٰ کے نیک سیرت بندوں میں ہو جاتا ہے اور ان آنے والی دعوتوں کے رقعہ جات پر ان کا اسم با مسمیٰ ابھرنا شروع ہو جاتا ہے جو وہاں موجود مہمانان کے گھروں میں عنقریب ہونے والی ہیں۔

بسیار خوروں کی دوسری قسم ان افراد کی ہے جو صرف لذیذ کھانوں کے شوقین ہوتے ہیں۔ وہ حفظان صحت کو ملحوظ رکھنے والے گھاس پھوس جیسے کھانوں میں کوئی دلچسپی نہیں رکھتے۔ ان کی شناخت کے لیے آپ کو اتنا ہی کرنا ہو گا کہ ان کے سامنے باورچی برادران کا ذکر صرف ایک بار چھیڑ دیجیے پھر دیکھئے۔ وہ کس طرح ایک سے بڑھ کر ایک باورچی کی تعریف میں زمین آسمان ایک کرتے ہیں۔ کیونکہ شہر کے تمام خوش ذائقہ باورچیوں کے دست فن سے وہ بحسن خوبی واقف ہوتے ہیں۔ ہمارے نہایت دور کے ایک چچا محترم بیگ صاحب اس زمرے میں آتے ہیں۔ وہ جہاں بھی جائیں گے تو سب سے پہلے تو ناک منہ چڑھا کر باورچی خانے کا جائزہ لیں گے پھر اس کے بعد تمام مصالحوں کی تفصیل پوچھیں گے اور پھر اپنی دانست میں خود ہی اطمینان کر لیں گے کہ باورچی نے تمام مصالحوں کو اچھی طرح بھونا اور تلا ہو گا۔ باوقت طعام اپنی پلیٹ سے صرف بامغز، باصحت اور بارونق اشیاء کو نوش فرما کر باقی کو پرے رکھ دیں گے جس طرح امریکہ اقوام متحدہ میں

صرف ان مسائل پر تبادلہ خیال کرتا ہے جو صرف اس کے مفاد کے حق میں سینہ سپر ہوتے ہیں۔

تیسری قسم ان بسیار خوروں کی ہے جن کے آباء و اجداد بسیاروں کی فہرست میں درج اول کا مقام رکھتے تھے۔ لیکن نیلی چھتری والے نے ان کی نوخیز نسلوں کی معدے پر رحم و کرم کی برسات کر کے انہیں بسیار خوری سے اکتاہٹ کا جذبہ دان میں دے دیا۔ اب ہوتا یہ ہے کہ ان کے خون میں بسیار خوری کے قدیم جراثیم کلبلاتے رہتے ہیں لیکن ہاتھ کے لقمے تر تک پہنچنے سے پہلے ہی دماغ ڈاکٹر بریگیڈ کا الارم بجانے لگتا ہے کہ اگر زیادہ کھانا کھایا تو معدہ اسی زبان سے آنے والی بیماری کی مکمل فائل شہر کے نامور ڈاکٹرس کے سامنے رکھ دے گا جس سے تم نے ابھی ابھی اپنے بتیس کے بتیس دانتوں کے ساتھ ملی بھگت کر کے اس غذا کو اندر بھیجا ہے۔ اس الارم کو سنتے ہی وہ اپنا ہاتھ روک لیتے ہیں اور آس پاس موجود افراد کو کم خوردگی کے فوائد گنانا شروع کر دیتے ہیں۔ طرہ یہ کہ باورچی اور میزبان کے طریقہ پکوان پر انگلیاں اٹھانے سے بھی نہیں چوکتے اور اندر ہی اندر اپنے بزرگوں کو لعن طعن کرنے لگتے ہیں کہ خود تو مزے کر کے چل دیئے اب ہماری باری آئی تو صرف خالی پلیٹوں کی طرف حسرت بھری نظروں سے دیکھنا پڑ رہا ہے۔

چوتھی قسم کے بسیارے خورے وہ ہوتے ہیں جنہوں نے تاریخی واقعوں، داستانوں، قصوں اور کہانیوں سے لذیذ پکوانوں پر تبصرہ اور ان کے بصری و گوشی ذائقے حاصل کیے ہیں۔ آپ کہیں گے کہ یہ بصری و گوشی ذائقے سے کیا مراد ہے؟ تو سنئے ان سے مراد وہ ذائقے جو آنکھوں اور کانوں سے زبان پر محسوس کیے جاتے ہیں۔ خوش قسمتی سے ہمارے پڑوسی خان صاحب کا شمار ان ہی بیش قیمت افراد میں ہوتا ہے۔ ایک دن انہوں نے اپنے نوکر سے کہا "کیا تمہیں کھچڑی بنانا آتی ہے؟" بیچارے نے گمچھا کاندھے

پر ڈالتے ہوئے معصومیت سے کہا" میں تو بریانی، قورمہ، پلاؤ، زردہ اور نہ جانے کیا کیا پکا لیتا ہوں یہ کھچڑی کس کھیت کی مولی ہے میرا مطلب ہے کس باورچی خانے کا پکوان ہے؟" "اچھا!" خان صاحب نے چہک کر کہا "اب ذرا یہ تو بتاؤ کہ مجھے کھچڑی کھانے کے لیے تمہیں کون کون سی اشیاء بازار سے لا کر دینا ہوں گی؟" نوکر نے سادگی سے پوچھا" صاحب آپ مونگ کی دال، مسور کی دال، تور کی دال یا ماش کی دال، کس دال کی کھچڑی پسند فرمائیں گے؟" یکایک خان صاحب لال بھبو کا ہو گئے۔ "تم سے کس مردود نے کہا کہ ہم دال چاول کی کھچڑی کھائیں گے؟" "صاحب کھچڑی تو دال چاول کی ہی ہوتی ہے۔" نوکر نے حیرانی بھری سادگی سے جواب دیا۔ "نامعقول تمہیں اتنا بھی پتہ نہیں کہ مغل بادشاہوں کے دستر خوانوں پر کس قسم کی کھچڑی بنتی تھی؟" "نہیں تو۔۔۔۔۔!" "پھر تمہیں کیا پتہ ہے؟" وہ ذرا سنبھل کر بیٹھتے ہوئے کہنے لگے "وہ پستہ اور بادام کی کھچڑی ہوا کرتی تھی۔۔۔۔۔۔ نالائق" نالائق کہتے ہوئے خان صاحب کے گلے کی رگیں پھول گئی تھیں۔ "وہ محنتی باورچی بادام بھگو کر انہیں چاول کی طرح کاٹتا تھا اور پستوں کو بھگو کر دال کی طرح کاٹتا تھا۔ تب کہیں جا کر دیسی گھی میں یہ کھچڑی تیار ہوتی تھی۔ بیوقوف کہیں کے ۔۔۔۔۔۔ کھچڑی کا طریقہ پکوان بھی نہیں جانتا۔" وہ بڑبڑاتے ہوئے بولے۔ "صاحب میرا کیا ہے۔ نکالیے پانچ ہزار روپے صرف دیسی گھی کے لیے۔ پندرہ پندرہ کلو بادام اور پستے میں ہمیشہ کی طرح دکان سے ادھار لا لوں گا۔ اور مصالحے میں۔۔۔۔۔۔" "بس بس۔" خان صاحب کھانستے کھانستے چلائے "نامعقول اتنی مہنگائی کے زمانے میں بادام، پستے اور دیسی گھی کی بات کرتا ہے۔ جاؤ جا کر مونگ کی دال کی کھچڑی بناؤ۔ ہاضمے کے لیے بھی بہت اچھی ہوتی ہے۔" نوکر نے بھی خوش ہو کر یہ شعر پڑھا۔ ہاں صاحب

مہنگائی کی بہار ہے اپنے عروج پر
اب بک رہی ہے دال بھی مرغی کے بھاؤ میں

خان صاحب نے آنکھیں لال کرتے ہوئے کہا" احمق زبان درازی کرتے ہو۔ تم کیا جانو تخیل کی پرواز کا لطف۔ جاتے کہاں ہو اپنے شعر کا جواب تو سنتے جاؤ۔
کیا لطف کیا مزہ ہے خیالی پلاؤ میں
راکٹ میں اڑ رہے ہوں کہ بیٹھے ہوں ناؤ میں

یہ شعر کہتے ہوئے وہ مغل تاریخ کی پرانی بوسیدہ سی کتاب اٹھائے خواب گاہ کی طرف چل دیئے۔

٭ ٭ ٭

فائر فوکس

انٹرنیٹ پر فائر فوکس کو دیکھتے ہی معاً خیال آیا کہ پوری دنیا کو گرفت میں لینے کے لیے فوکس یعنی لومڑی سے بہتر کوئی اور حیوان ہو ہی نہیں سکتا۔ اللہ تعالیٰ نے اسے کافی صلاحیتوں سے نوازا ہے۔ جتنی ذہانت اس میں موجود ہے اتنی ہی تیز رفتاری اس کے پیروں میں موجود۔ سونے پر سہاگہ یہ کہ اتنی ہی مکاری میں آگے۔ کہتے ہیں کہ لومڑی سگ خاندان سے تعلق رکھتی ہے۔ خاندان سے تو اس نے صرف جسمانی ساخت کو اپنایا ہے۔ وفاداری جیسی بیکار و احمقانہ صفت کو بالائے طاق رکھنے میں ہی عافیت سمجھی۔ اس کے زرین نقش قدم پر انسان نے بھی اپنے پیر رکھ دیئے تاکہ لومڑی تنہا یہ سعادت حاصل نہ کر سکے۔ چانکیہ نے لومڑی کی ساری مہارتوں کو اپنایا اور رعایا کی بھلائی کے لیے استعمال کر کے اپنا نام کر گیا۔ رفتہ رفتہ سارے سیاست داں بھی اسی روش کو اپناتے ہوئے اپنی اپنی قوم و پارٹی کا نام روشن کرنے لگے۔ پھر وہ دور آیا کہ ان ہی حربوں کو عوام کی بربادی کے لیے نہایت ہی مہذبانہ طریقے سے بروئے کار لایا جانے لگا۔

لومڑی کی ناک بھی بہت تیز ہوتی ہے۔ اپنے فوائد کی خوشبو بہت جلدی سونگھ لیتی ہے۔ لیکن سیمنٹ کانکریٹ کے جنگلوں نے کافی حد تک اس کی قوت شامہ کو متاثر کر دیا ہے۔ لیکن اس کا اسے ذرا بھی غم نہیں ہے کیونکہ یہ صفت سماج کے خود ساختہ رہنماؤں نے لے لی ہے۔ ان کی ناک نے لومڑی کی ناک سے ہزار گنا زیادہ طاقت و قوت سے کام کرنا شروع کر دیا ہے۔ اب تو انسان ہر وہ کام کرنا قابل فخر سمجھتا ہے جن میں اس کے

ہاتھوں میں عوامی دولت سرخ لبادے میں لپٹی ہوئی ہو۔ اس معاملے میں ہر کوئی ایک دوسرے سے بازی مار لے جانے کی فکر میں ہے۔ میرے ہاتھ زیادہ بڑے یا تیرے۔ میں نے ہزاروں کے خون میں اپنے ہاتھ ڈبوئے ہیں تو تو ابھی سیکڑوں تک بھی پہنچ نہیں پایا۔ ہمارا یہ تو دعویٰ ہے کہ لومڑی نے بھی کبھی اپنے دانتوں سے ٹپکتے خون پر جشن نہیں منایا ہوگا بلکہ اسے اپنی مجبوری اور قدرت کا نظام کہہ کر خون کے گھونٹ پی لیے ہوں گے۔

ایک نیتا جی دوسرے شہر کسی تقریب میں شرکت کی غرض سے بڑی عجلت میں جا رہے تھے۔ راستہ گھنے جنگل سے ہو کر گزرتا تھا۔ ڈرائیور بھی گاڑی فل اسپیڈ میں زمین پر کم اور ہوا میں زیادہ چلا رہا تھا۔ اچانک ہی گاڑی کے ٹائر چرچرائے اور پوری قوت سے بریک مارنے کے بعد جب گاڑی رکی تو استفسار پر پتہ چلا کہ ایک لومڑی گاڑی کے آڑے آگئی۔ زیادہ جانی ومالی نقصان نہ لومڑی کا ہوا نہ نیتا جی کا۔ بس پیر پر چوٹ لگنے سے لومڑی ٹائر کے قریب پڑی ڈری سہمی اٹھنے کی کوشش کر رہی تھی۔ نیتا جی گاڑی سے اترے اور لومڑی کو سہلایا اور مسکراتے ہوئے اس سے ہاتھ ملایا اور واپس گاڑی میں بیٹھ گئے۔ ڈرائیور حیران، لومڑی پریشان اور یہ شعر برزبان:

جس سے کترا کے نکلتی رہی برسوں سر راہ

اس سے جو ہاتھ ملایا تو وہ اپنا نکلا

لومڑی اپنی رہائش کا انتظام زمین کو اندر تک کھود کر کرتی ہے۔ تاکہ دشمنوں کے ہاتھ وہاں تک نہ پہنچ سکیں اور اپنے شاگردوں کو بھی یہ سبق اچھی طرح پڑھا دیا کہ اپنا سیاہ مال دور دور کی بینکوں میں ریزرو کر دو کہ دشمن قانون کے لمبے ہاتھ وہاں تک نہ پہنچ سکیں۔ شاگرد تو استاد سے ڈھائی ہاتھ آگے ہوتا ہے۔ اس کی مہارت کی خبر دائیں سے بائیں ہاتھ تک بھی نا جا سکی۔ کئی شخصیتیں تو چہرے مہرے سے ہو بہو لومڑی کی ذات شریف

سے مماثلت رکھتی ہیں اور اوصاف حمیدہ میں کوئی قباحت محسوس نہیں کرتیں۔ ان کے چہرے دیکھ کر فوراً پتہ چلتا ہے کہ ڈارون کی تھیوری غلط کام کر گئی۔

لومڑی کی دم بہت خوبصورت ہوتی ہے۔ جس سے وہ اپنے گھر کی صفائی کا کام بھی لیتی ہے۔ کیوں نہ کرے آم کے آم اور گٹھلیوں کے دام بنانے کا ہنر جو بخوبی جانتی ہے۔ اس صلاحیت سے اس کی نفاست جھلکتی ہے جو اس کی عیارانہ صلاحیت کو مات کرتی ہے اور کبھی کبھی اس کو اجاگر کرنے کی کام بھی کرتی ہے۔

ایک دفعہ کوا اپنا شکار چونچ میں دبائے درخت پر بیٹھا تھا۔ شرافت سے مانگ کر کھانا تو لومڑی کے خون کی توہین ہے۔ اس نے اپنی خوبصورت دم کو منہ میں پکڑ کر زور زور سے چکر لگانے شروع کیے یہاں تک کہ کوا چکرا کر درخت سے نیچے گر پڑا اور لومڑی شکار دبوچ کر یہ جا وہ جا۔ اس واقعے کو کئی افراد نے سماج میں عملی جامہ پہنا کر فخر کا تمغہ سینے پر سجایا ہے۔ جسے دیکھ کر چند بد نصیب آخرت کی دہائی دیتے ہوئے مال تر سے محروم رہ گئے۔ خیر ان کی تعداد چند ہے اور چند ہی رہے گی۔ اس سے فوکس ورلڈ کے نظام میں کوئی فرق نہیں پڑے گا۔ وہ نہایت تزک و احتشام سے چلتی رہے گی۔ فائر فوکس نے بہت بڑے خطے پر قبضہ جما ہی لیا ہے۔ کہنا یہی ہے کہ فوکس کو کبھی تھکن محسوس نہیں کرنا چاہیے اور اپنی عیاری و مکاری میں روز افزوں اضافہ کرنا چاہیے۔ ابھی تو بہت کچھ باقی ہے۔

نہ تھک کے بیٹھ اے فوکس کہ تیری اڑان باقی ہے
زمین ختم ہوئی، آسمان باقی ہے

***

انسانیت اور ہم

آج انسان کا دشمن خود انسان ہے
کیا خدا کا یہی فرمان ہے
آج ہمارا ملک ایک ایسے موڑ کو پار کر رہا ہے جس کی کوئی مثال نہیں ملتی۔ ایک طرف تو خون کی ندیاں بہہ رہی ہیں تو کہیں آپس میں لڑائی جھگڑے اور فسادات ہو رہے ہیں۔ ہمارے مہان بھارت کی کیا یہی شان ہے۔ کیا یہی ہمارے وسیع ملک کی تہذیب ہے کہ انسان ایک دوسرے انسان پر حملہ کرے۔ کیا خدا اور بھگوان نے ہم لوگوں کو اس لیے دنیا میں بھیجا ہے کہ انسان زمین پر آ کر اپنے ہی بھائی کے خون میں ڈوبے، اینٹ سے مندر اور مسجد بنا کر اس میں پوجا کرے یا نماز پڑھے۔ ہم نے اپنے جھگڑوں میں یہ بھلا دیا ہے کہ ہم سب سے پہلے انسان ہیں اور بعد میں ہندو مسلم، سکھ اور عیسائی ہیں۔ اس لیے ہمیں پہلے ایک اچھا انسان بننا پڑے گا۔
سب سے اونچا اسی انسان کا علم ہو گا
جس کے پیش نظر انسانوں کا غم ہو گا
ہندوستان کی اس پاک زمین پر بڑے بڑے رشی، منی، سنت اور اولیائے کرام نے جنم لیا ہے۔ حضرت محمد، رام کرشن، نظام الدین اولیا، گرو نانک، گوتم بدھ، مہاویر، جین وغیرہ سب ہی نے ہمیں انسانیت کا سبق دیا ہے۔ مگر ہم نے ان کے اصولوں اور تعلیمات کو بھلا دیا ہے۔ آج ایک انسان دوسرے انسان کے خون کا پیاسا ہو گیا ہے۔ ہم یہ کیوں

بھول گئے کہ ہم سب ہندو، مسلم، سکھ، عیسائی الگ الگ مذاہب کو ماننے والے ہو کر بھی سب سے پہلے انسان ہیں۔ اور انسانیت کے بتائے ہوئے مذہبی راستے پر چلنے کی بجائے شیطان کے بتائے گئے راستے پر چلنے کے لیے مجبور ہو گئے ہیں۔ جب ہمارے دھرموں کے پالنہار نے ہی ہمیں یہ سکھایا ہے کہ انسانیت ہی اصلی دھرم ہے تو ہم حکومت کے نام پر مندر، مسجد کو بنیاد بنا کر کیوں جھگڑتے ہیں۔ ان ہی شیطانی خیالات سے آج ہر انسان پریشان ہے۔ ہم سب کو یہ جان لینا چاہیے کہ پریم و محبت اور انسانیت میں ہی اللہ، بھگوان اور مسیح اور گرو نانک بستے ہیں۔ ایک دوسرے کے لیے پریم و محبت کے جذبات ہی سب سے بڑا دھرم ہے۔ یہی قرآن پاک کا فرمان اور گیتا کا ادیش، اور بائبل کا پارٹ ہے۔

ہمیں پھولوں کے سمان بننا چاہیے جو سب کو خوشبو دیتا ہے۔ ہمیں ندی کے سمان بننا چاہیے جو سب کو جل دیتی ہوئی بہتی چلی جاتی ہے۔ ہمیں سورج کے سمان ہونا چاہیے جو سب پر اپنا پرکاش ایک سمان روپ میں ڈالتا ہے۔ انسانیت کا پرمان دینے کے لیے ہمیں اپنی آپسی لڑائی اور جھگڑے بھول کر میل ملاپ سے رہنا چاہیے۔

٭ ٭ ٭

چاند کی مرضی

چلو اچھا ہوا کہ بارش نے امسال رمضان کا سہارا لیا۔ یا رمضان نے بارش کا۔ خدا جانے۔ لیکن عوام کے حق میں بہتر ثابت ہوا۔ کارپوریشن نے پانی و بجلی کے قلتی لبادے میں خود کو ریزرو کر لیا۔ صاف صاف کہہ دیا گیا کہ سڑکوں کی درستگی و تعمیر کے امور ماہ رمضان کے بعد ہی طے ہوں گے۔ گلہائے طشت میں عذر یہ پیش کیا گیا کہ ڈامر اور باریک و موٹی ریت ماہ رمضان کے مختص نمازیوں کے بابرکت قدموں سے پنج وقتہ بار برداشت نہیں کر پائیں گی۔ لہٰذا مستقل و عارضی نمازیوں کے بار قدم سے سڑکوں کے گڑھوں میں مزید عمیقی آنے دیں تاکہ بعد ازاں جانچ کے بعد درکار مٹیریل کا آرڈر دیا جا سکے۔ سڑکوں کی قلت اور گڑھوں کی برکت سے شجر کاری مہم میں اس سال بڑی گرمجوشی نظر آئی۔ تیار گڑھوں میں پودے لگا کر ماحولیات کے تحفظ کا فرض پورا کر لیا گیا۔ بہتی گنگا میں ہاتھ دھونے والے ذہین افراد نے اپنے گھروں کے سامنے موجود گڑھوں میں بجلی کی ٹلو موٹر نصب کر کے پانی کی قلت سے نجات حاصل کی اور مکان کی احاطی دیوار کو دو اینٹ آگے بڑھا کر موٹر چوری ہونے کے خدشے سے بھی محفوظ کر لیا۔ یک نہ شد دو شد۔ مزید یہ کہ ان کی پیٹھ پر محلے کے کارپوریٹر صاحب کی تھپتھپاہٹ نے سونے پر سہاگہ کا کام کر دیا۔ چند ایک نے گڑھوں کے اندر ہی پانی کی پائپ لائن توڑ کر چھوٹا سا کنواں بنا لیا جو اڑوس پڑوس اور عزیز و اقارب کی پانی کی ضرورت کو پوری کرنے لگا۔ یہ مہارت محلے کے دوسرے لوگ اپنی کم عقلی کے سبب نہ اپنا سکے۔ اب تمام نمازیوں کو بھرپور پانی میسر

آنے کے شہادت سڑک کے پانی سے بھرے چھوٹے بڑے گڑھے دینے لگے اور محلے کے کتے ان سے پانی پیتے پیتے دعائیں دیکر آسمان کی طرف طنزیہ نظروں سے دیکھنے لگے جس پر سے گزشتہ کئی ہفتوں سے بادل بن برسے ہی گزرتے رہے۔

ماہ رمضان کی خریداری تو پارلیمنٹ میں بل پاس کرانے جیسی ہے۔ ہر تہوار ہر تو تمام دکانیں بھری نظر آتی ہیں۔ دیوالی کی رونق تو اندھیرے دلوں میں بھی دیا جلا دیتی ہیں۔ اور کرسمس، کرسمس کا تو کیا کہنا۔ سنٹا کلاز تو اب ہر عمر کا دکھائی دینے لگا ہے۔ دیوالی، ہولی، کرسمس تہواروں سے متعلق تمام اشیاء آسانی سے ہر دکان میں ایک ہی چھت کے نیچے مل جاتی ہیں۔ لیکن ماہ رمضان کئی دکانوں پر روزہ دار طواف کرکے حج کا ثواب حاصل کرلیتا ہے۔ ادھر ہول سیل تاجروں نے یہ کہہ کر سیف سائڈ کرلی کہ رمضان کی خریداری ہوتی ہی کیا ہے یہ تو صرف باغبانوں کا سیزن ہے۔ باقی کا کپڑا کرانہ بھی کچھوے کی رفتار سے چلتا رہتا ہے۔ سال بھر جس سوکھے پھل کی کسی کو یاد نہیں آتی وہ ماہ رمضان میں اچانک سب کی آنکھوں کا چاند بن کر آسمان پر جا پہنچتا ہے۔ یہ الگ بات ہے کہ ہر انسان آسمان سے گر کر اسی میں اٹکا رہتا ہے۔ رمضان میں اس کی قدر و منزلت دیکھنے سے بنتی ہے۔ نتیجتاً دکانوں سے کھجور ایسے غائب ہوتے ہیں جیسے گدھے کے سر سے سینگ۔ روزہ دار کے لیے پریشانی کی وجہ یہ بھی ہوتی ہے کہ جب وہ صبح کے وقت دکان پر کچھ خریدنے کے لیے پہنچتا ہے تو دکانیں بند ملتی ہیں۔ کیونکہ سحر کے باقی ماندہ نیند کے خرگوشوں کا صبح چھ تا گیارہ خواب میں ملاقات کرنا طے ہوتا ہے۔ قبل از ظہر گھنٹہ بھر دکانیں کھلتی ہیں گاہکوں کے ہجوم کے باعث من چاہی خریداری ممکن نہیں ہوسکتی۔ مسلم گاہکوں کے ساتھ مسلم دکانداروں کا طرز تغافل اور کچھ بھوک پیاس کی جھنجھلاہٹ، زمانے کے ساتھ قدم بقدم نہ چلنے کی کوفت، چار و ناچار ہر طرح کی ڈنڈی مار مشقت ان سب کا ذمہ مالک خداوندی کو

گردان کر، اور ماہ رمضان کو نیک شگون جان کر پانچ بار مساجد کا رخ کرتے ہیں۔ لیکن اس کا دل کسی رمضان میں نہیں پسیجتا۔ سالہا سال ان دکانداروں کی حالت پلاس کے تین پات ہی رہتی ہے اس کے بر عکس کام دھندے کو عبادت کا درجہ دینے والے طبقہ کی دکانیں وقت مقررہ پر کھلتی بند ہوتی نظر آئیں گی۔ " مناسب دام سب کا آرام " کے اصول پر عمل۔ بلا تفریق گاہک کو بھگوان سمان کے عقیدے پر ہر وقت کاربند۔ نہ کسی طرح کی بے ایمانی نہ لاگ لپٹ۔ ہر چیز بروقت حاضر۔ دس دکانوں کے چندے سے سامنے ہی بڑا سا شیو مندر ان پر اپنی مزید رحمت نچھاور کرتا نظر آتا ہے۔ روزہ داروں سے زیادہ صحیح وقت افطار کا پتہ رکھنے والے یہ دکاندار خود بھی ماہ رمضان کا احترام اور روزہ داروں کی بروقت خدمت کر کے ثواب حاصل کر لیتے ہیں۔

کھجور دیتے دیتے رمانی انکل کہنے لگے کہ "وڑی سائیں۔ کیا زمانہ تھا وہ رمضان میں ڈھول تاشے بجا کر اور قوالی گا گا کر تمام لوگوں کو سحری کے لیے جگایا جاتا تھا۔ ہر طرف پوتر واتاورن ہوتا تھا۔ بڑا ہی چندا لگتا تھا ان دنوں۔ اب تو تم لوگ شادیوں میں بھی ڈھول تاشے نہیں بجاتے۔ پڑوسیوں تک کو پتہ نہیں چلتا کہ شادی ہو رہی ہے!" ہم نے اپنی مخروطی انگلیوں سے کان ہلا کر ساری باتیں گراتے ہوئے کہا "آپ بھی انکل کیا پرانے قصے لے کر بیٹھ گئے۔ اچھا ہوا نا رمضان کے ڈھول تاشے بند ہو گئے۔ صوتی آلودگی میں اضافہ نہ ہو یہ سوچ کر روزہ داروں نے اپنے روزے قربان کر دیئے۔"

"سائیں۔۔۔۔۔۔۔ کیا تم لوگ ایک دوسرے کو موبائل پر رنگ کر کر کے ایک دوسرے کو نہیں جگا سکتے ہو۔۔۔۔۔۔۔ یوں تو دن بھر کان کو موبائل لگا ہی رہتا ہے۔۔۔۔ تھوڑا سحری کے وقت بھی اپنے بھائیوں کو بیل بجا کر جگا دیا تو کیا ہوا۔۔" "یہ تو آپ نے صحیح کہا۔ پر گھنٹی بجائے کون ؟؟؟ اور کس لیے ؟ جن کے پاس موبائل ہے وہ تو

روزہ نہیں رکھتے اور جو روزہ رکھتے ہیں وہ موبائل رکھنے کی سکت نہیں سکتے۔" یہ سوچتے سوچتے ہم چل دیئے۔

ماہ رمضان کی 29اور 30 تاریخوں کو تو بھینس اور گائیں بھی جانتی ہیں کہ اسے ہر گھر میں دودھ پہنچانا ہے جہاں شیر خرما بننے والا ہو۔ اس لیے ایک دن قبل ہی بیچاریاں خود پیاسی رہ کر اپنے آدھے پانی سے بھرے برتن دودھ سے بھرنے کی کوشش کرتی ہیں اور جگالی کرتی ہوئی آسمان میں چاند دیکھنے کی کوشش کرتی رہتی ہیں۔ درزیوں کی تو ان 29، 30 دنوں کی چاندی ہوتی ہے۔ چاند نہیں چاندی! یہ لوگ تو چاہتے ہیں کہ چاند 31 دن بعد نظر آئے اور یہ آرام سے زیادہ سے زیادہ سلائی کر سکیں۔ 29 ویں رات کو طلوع قمر کے ہونے یا نہ ہونے میں درزی حضرات کا بڑا دخل ہوتا ہے۔ ان کا نمائندہ مساجد میں عید کے اعلان سے قبل ہی اپنی شاطرانہ چال چل دیتا ہے اور کسی کو کانوں کان خبر نہ ہوتی۔ چاند تو بے چارہ ازل سے ہی بدنام ہے۔ پہلے تو محبوب کا چہرہ بن کر شعراء کی نیندیں حرام کرتا ہے۔

وہ چید کا چاند تھا کہ چہرہ تیرا بتا
میں بے خودی میں ایسے ہی گھنٹوں کھڑا رہا

یہ چاند کبھی روٹی بن کر کسی کی بھوک بڑھاتا ہے تو کہیں چمکتے کھنکتے سکوں میں خود کو ڈھال کو سرکتا جاتا ہے۔ ماما بن کر کہیں بچے اور اس کی ماں کو ننھیال و میکے کی یاد دلاتا ہے۔ کہیں کہیں تو بے رنگ ہاتھوں میں اپنی روپہلی حنائی کسک چھوڑ جاتا ہے جو عمر بھر تڑپاتی رہتی ہے۔ جب ساری دنیا عید منا رہی ہوتی ہے تو اس مخروطی چاند کی ایک ایک کرن دل میں نشتر بن کر اترتی ہے اور آنچل میں چمکتے موتی بکھیرتی ہے۔ اس وقت کوئی یہ نہیں کہہ سکتا کہ چاند کا زمین سے رشتہ نہیں ہوتا۔ وہ خود سیاہ آسمان میں تنہا ہو کر زمین پر کئی

تنہائیوں کا ساتھ نبھاتا ہے۔

عید آئی تم نہ آئے کیا مزہ ہے عید کا
عید ہی تو نام ہے ایک دوسرے کی دید کا

دکشت انکل کہنے لگے۔ "ارے آج بازار میں بڑی بھیڑ ہے۔ چاند رات تو دو دن بعد ہے نا؟" ہم نے کہا "پتہ نہیں انکل۔ اس دنیا کی ہر چیز موڈی ہے۔ کسی بات کا بھروسہ نہیں کب کیا ہو جائے۔ کیا پتہ چاند 28 تاریخ کو نکل آئے۔ کچھ بھی ہو سکتا ہے۔ آخر چاند کی اپنی بھی کوئی مرضی ہے۔" دکشت انکل ہنستے ہوئے کہنے لگے "یہ بھی خوب ہے۔ تمہارا چاند محرم سے لے کر صفر تک پورے گیارہ مہینے برابر تاریخوں پر نکلتا ہے پھر رمضان میں ہی کیوں گڑبڑ کرتا ہے؟ اور تو اور یہ ماہ رمضان کا چاند ماہ شوال میں کیسے دکھائی دیتا ہے؟" ہم نے سرد آہ بھر کر کہا "چاند کی مرضی۔۔۔۔۔۔"

***